图书在版编目(CIP)数据

幻想公平/(英)库伯著;李宏鸿译.—上海:华东师范大学出版社,2018
(教育公平研究译丛)
ISBN 978-7-5675-7511-0

Ⅰ.①幻… Ⅱ.①库… ②李… Ⅲ.①教育制度-研究-世界
Ⅳ.①G512

中国版本图书馆 CIP 数据核字(2018)第 041514 号

本书由上海文化发展基金会图书出版专项基金资助出版
教育公平研究译丛

幻想公平

著　　者　[英]David E. Cooper
译　　者　李宏鸿
策划编辑　彭呈军
审读编辑　蓝先俊
责任校对　王丽平
装帧设计　卢晓红

出版发行　华东师范大学出版社
社　　址　上海市中山北路 3663 号　邮编 200062
网　　址　www.ecnupress.com.cn
电　　话　021-60821666　行政传真 021-62572105
客服电话　021-62865537　门市(邮购)电话 021-62869887
地　　址　上海市中山北路 3663 号华东师范大学校内先锋路口
网　　店　http://hdsdcbs.tmall.com

印 刷 者　常熟市文化印刷有限公司
开　　本　787×1092　16 开
印　　张　12
字　　数　185 千字
版　　次　2018 年 10 月第 1 版
印　　次　2018 年 10 月第 1 次
书　　号　ISBN 978-7-5675-7511-0/G·10972
定　　价　30.00 元

出 版 人　王　焰

(如发现本版图书有印订质量问题,请寄回本社客服中心调换或电话 021-62865537 联系)

教育公平研究译丛　丛书主编　袁振国

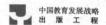

幻想公平

［英］David E. Cooper ◎主编

李宏鸿◎译

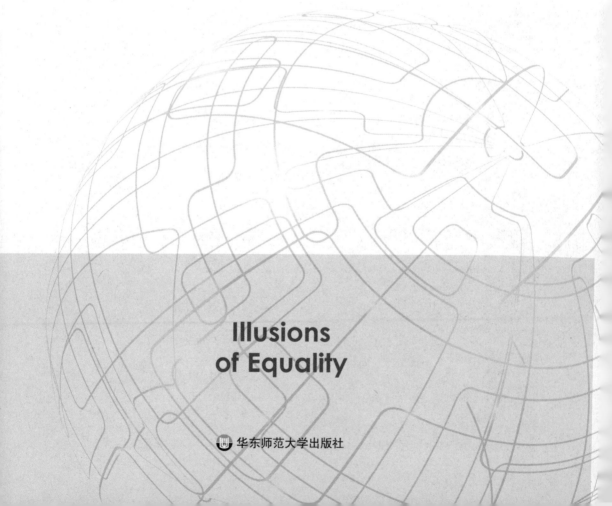

Illusions
of Equality

华东师范大学出版社

上海市版权局著作权合同登记　图字：09 - 2017 - 465 号

丛书序言

袁振国

　　教育公平是人类社会的共同追求,也是衡量一个国家文明水平的重要标志;教育公平涉及千家万户,影响个人的终身发展,是人民群众的重要关切;教育公平既与个人的利益、观念、背景有关,所以众说纷纭、莫衷一是,又取决于历史水平、文明程度,所以不断发展、渐成共识。

　　教育公平是一个需要不断努力无限接近的目标,在历史的进程中也许可以分为梯度推进的四个阶段:机会公平、条件公平、过程公平和结果公平。机会公平的本质是学校向每个人开门——有教无类;条件公平的本质是办好每一所学校——均衡发展;过程公平的本质是平等地对待每个学生——一视同仁;结果公平的本质是为每个学生提供适合的教育——因材施教。这四个阶段相互关联、相互促进、相辅相成。

机会公平:学校向每个人开门——有教无类

　　"有教无类"是两千五百年前孔夫子提出来的教育主张:不管什么人都可以受到教育,不因为贫富、贵贱、智愚、善恶等原因把一些人排除在教育对象之外。[①] 体现了深厚的人文情怀,颇有超越历史条件的先知先觉气概。有教无类的思想虽然早在两千五百年前就提出来了,但真正做到人人能上学却不是一件容易的事。三十多年前(1986年)我国才以法律的形式提出普及9年义务教育,经过不懈努力,到2008年才真正实现了全国城乡免费9年义务教育。

---

① 也有一种说法,认为有教无类是有教则无类的简化,人原本是"有类"的,比如有的智有的愚,有的孝顺有的不肖,但通过教育可以消除这些差别——即便是按照这种说法,也还是强调教育的公平价值。

　　作为现代社会的普遍人权,教育公平体现了《世界人权宣言》(1948)的基本精神。《世界人权宣言》第二十六条第一款明确规定:"人人都有受教育的权利,教育应当免费,至少在初级和基本阶段应如此。初级教育应属义务性质。技术和职业教育应普遍设立。高等教育应根据成绩而对一切人平等开放。"《中华人民共和国教育法》规定:"公民不分民族、种族、性别、职业、财产状况、宗教信仰等,依法享有平等的受教育机会。"但要做到这一点,需要艰苦的努力和斗争。

　　拦在有教无类征途上的第一道门槛是身份歧视。所谓身份歧视,就是将人分为高低贵贱的不同身份,赋予不同权利,剥夺多数人受教育的基本权利。古代印度有种姓制度,根据某种宗教体系,把人分成婆罗门、刹帝利、吠舍、首陀罗四个等级,权利和自由等级森严,在四个等级之外还有不入等的达利特,又称贱民,不能受教育、不可穿鞋,也几乎没有社会地位,只被允许从事非常卑贱的工作,例如清洁秽物或丧葬。根据人口普查数据,印度目前有 1.67 亿达利特人,其文盲率竟高达 60%。等级制在中国早已被废除,但身份歧视的阴影并没有完全消失。上个世纪的五六十年代,"地富反坏右分子"的子女被排除在大学录取对象之外,可以说是身份歧视在现代社会的反映。

　　拦在有教无类征途上的第二道门槛是智力歧视。所谓智力歧视,就是主张按"智力"赋予权利和资源,而智力被认为是遗传的结果,能人、名人的大脑里携带着聪明的基因,注定要成为卓越人士。英国遗传决定论者高尔顿认为,伟人或天才出自于名门世家,在有些家庭里出名人的概率是很高的。高尔顿汇集的材料"证明",在每一个例证中这些人物不仅继承了天才,像他们一些先辈人物所表现的那样,而且他们还继承了先辈才华的特定形态。这种理论迎合了资产阶级的政治需要,成为能人治国、效率分配资源的根据。根据这种理论,有色人种、穷人、底层人士被认为是因为祖先的遗传基因不好,先天愚笨,所以活该不值得受到好的教育。当然这种理论早已被历史唾弃了。

条件公平:办好每一所学校——均衡发展

　　能不能上学是前提,是教育公平的起点,进不了学校的大门,什么机会、福利都无从谈起。但有学上与上什么学差别很大,同样是 9 年义务教育,在不同地方、不同学校可能有着完全不同的办学水平。为了加快工业化的进程，在很长时间里我们采取的是农业支持工业、农村支持城市的发展战略，实行的是"双轨制"，维持的是"剪刀差"，城市和农村的教育政策也是双轨的，不同的教育经费标准，不同的教师工资标准，不同的师生比标准，等等；与此同时，为了集中资源培养一批优秀人才，形成了重点学校或重点班制度，在同一座城市，在同一个街区，不同的学校可能有很大差别。

2002年中国共产党第十六次全国代表大会首次把公平正义作为政治工作的重大主题，把促进公平正义作为政治工作的出发点和归属，教育公平被列为教育最核心的词汇。2004年十六届四中全会提出了"工业反哺农业、城市支持农村"的时代要求。2007年，时任中共中央总书记胡锦涛在当年庆祝教师节的讲话中第一次提出了"把促进教育公平作为国家基本教育政策"的要求，2010年《国家中长期教育改革和发展规划纲要(2010－2020年)》对此做了具体的政策阐释和工作部署，指出：教育公平的基本要求是保障每个公民依法享有公平接受教育的权利；促进教育公平的关键是机会公平，重点是义务教育的均衡发展和帮扶困难人群，主要措施是合理配置公共教育资源(在区域之间向西部倾斜，在城乡之间向农村倾斜，在学校之间向薄弱学校倾斜，在人群之间向困难人群倾斜)。2012年党的十八大继续把促进教育公平作为教育工作的基本方针。"十二五"期间采取了一揽子的计划和措施，促进中国的教育公平迈出了重大步伐。我和很多外国朋友进行过交流，他们都充分认可中国在促进教育公平方面的巨大努力和明显进展。

过程公平：平等地对待每个学生——一视同仁

在不同的学校受到的教育不同，在同一校园内甚至坐在同一个教室里也未必能受到同样的教育。这是更深层次的教育公平问题。从政府责任的角度说，促进教育公平的主要措施是合理配置公共教育资源，缩小城乡、区域、学校之间的差距，创造条件公平的环境；但是，对每个具体的学生来说，学校内、班级内的不公平对个体发展的影响更大、更直接，后果更严重。

关注一部分学生，忽视一部分学生，甚至只关注少部分学生，忽视大部分学生的现象并不在少数。只关注一部分学生,只关注成绩优秀的学生,而忽视成绩后进的学生,有人称为"厚待前 10 名现象"。同在一个学校里,同在一个课堂上,不同学生的学习机会和发展机会大相径庭。由于升学竞争的压力,由于人性自身的弱点,聪明伶俐的、长得漂亮的、家庭背景好的学生很容易受到更多关注,被寄予更大期望,相反,那些不那么"讨喜"的学生就经常会受到冷遇甚至嘲讽。早在上世纪 80 年代我就做过关于农村学生辍学的调查,发现辍学的学生 80% 以上并不是因为经济原因,而是因为在班上经常受到忽视、批评甚至嘲讽。上学对他们来说没有丝毫的乐趣,而是经受煎熬,因此他们宁可逃离学校。针对期望效应的心理学研究表明,被寄予更高期望的学生会得到更多雨露阳光,性格会更加活泼可爱,学习成绩也会明显比其他同学提高得更快。优秀的学生、讨喜的学生通常会得到更多的教育资源,比如会得到更多的提问,会得到更多的鼓励,作业会得到更认真的批改,做错了事也会得到更多的原谅。有时候,课堂上的不公平可能比硬件实施上的不公平更严重,对学生成长的影响也更大。怎么把保障每个公民平等接受教育的权利这样一个现代教育的基本理念落到实处,怎样确保平等对待每个学生,保障每个学生得到平等的学习机会和发展机会,是过程公平的问题,需要更细心的维护,需要教育观念和教师素质的更大进步。

结果公平:为每个学生提供适合的教育——因材施教

说到结果公平,首先不得不申明的是,结果公平并不是让所有的人得到同样的成绩,获得同样的结果。这是不可能的,也是不应该的,事实上也从来没有一种公平理论提出过这样的主张,但是这种误解确实有一定的普遍性,所以不得不画蛇添足予以申明。教育公平并不是大家一样,更不是把高水平拉到低水平。所谓教育结果公平是指为每个人提供适合的教育,即因材施教,使每个人尽可能得到最好的发展,使不同家庭背景的学生受到同样的教育,缩小社会差距的影响,阻断贫困的代际传递。正因为如此,教育公平被称为社会公平的平衡器。

"最好"的发展其实也是一个相对的概念,随着社会文明水平和教育能力的提高,"最好"又会变得更好。这里的因材施教也已经不是局限于教育教学层面的概念,而是具有了更为广阔的社会含义。首先,社会发展到较高水平,社会形成了比较健全的人才观和就业观,形成了只有分工不同、没有贵贱之分的社会文化,人人都能有尊严地生活;其次,心理学的研究对人的身心发展规律有了更深刻的认识,对人的身心特点和个性特征可以有更为深刻和准确的认识,人的个性特点成为人的亮点,能够受到充分的尊重;第三,教育制度、教学制度、课程设计更加人性化,教师的教育教学水平得到很大的提高,信息化为个性化教育提供了极大的便利,社会各界都能自觉地围绕以人为本、以学生的发展为中心,给予更好的配合和支持;第四,教育的评价对促进学生的个性发展起到诊断、激励的作用,每个人的不可替代性能得到充分的展现,单一的评价标准,统一的选拔制度,恶性的竞争态势,僵化的课程和教学制度,自不待说大班额等得到根本性的扭转。

因材施教是为相同的人提供相同的教育,为不同的人提供不同的教育,就是在人人平等享有公共资源的前提下,为个性发展提供更好的条件。但区别对待不是等差对待,现在有些学校也在积极探索课程选修制、弹性教学制,试图增强学生的选择性,促进学生有特色地发展,这当然是值得鼓励的,但是有一种潜在的倾向值得注意,就是在分类、分层教学的时候,要防止和反对将优质资源、优秀教师集中在主课和高程度的教学班级,非主课和低程度的班级则安排相对较差的资源和较弱的师资,把分类、分层教学变成了差别教学。

机会公平、条件公平、过程公平、结果公平并不是简单的高低先后的线性关系,而是相互包含、相互影响、相辅相成的。目前机会公平在我国已经得到了相对充分的保障,也可以说有学上的问题已经基本解决,但部分进城务工人员子女、特殊儿童、家庭经济困难学生,地处边远、自然环境恶劣地区的孩子还未能平等地享有义务教育;随着大规模的学校危房和薄弱学校的改造,办学条件的标准化建设,我国的办学条件得到了大跨度的改善,但师资差距在城乡、区域、学校之间并没有得到有效缩小,在某些方面还有拉大的危险;过程公平正在受到越来越多的关注,但远远没有得到应有的重视;结果公平无疑是教育公平向纵深发展的新指向、价值引导的新路标。

在这个时候我们组织翻译《教育公平研究译丛》,就是为了进一步拓展国际视野,借鉴历史成果,也为更好地总结和提炼我们促进教育公平的理论和实践经验,促进世界不断向更高质量更加公平的教育迈进。译丛一共 10 册,其中既有专注的理论探讨,也有国际案例的比较研究,既有国家政策的大型调查,也有学校层面的微型访谈,在研究方法上也是多种多样,对我们深化教育公平研究无疑会有多方面的启示。这10册译著的内容摘要如下。

《教育公平:范例与经验》:本书探讨几个紧迫的问题:各国内部和国家之间差距有多大?是否有有效和负担得起的方式可以缩短这些差距?本书的作者是世界各地重要的教育创新者,他们报告了一系列独特的全球案例研究,重点了解世界各地哪些教育项目在解决不公平问题和改善教育成果方面特别有效。

《教育公平:基于学生视角的国际比较研究》:本书记录了学生在学校内外的正义经历,并将这些经历与他们个人正义感的发展和对公平的判断标准联系起来。本书特别关注的一点是向读者呈现那些潜在弱势学生群体的看法和经历。这一小学生群体包括有学习困难或行为问题的学生,明显较不适合"学术轨道"的新移民学生,以及母语为非主流语言或是来自社会经济贫困阶层的学生。

《生活的交融:亚洲移民身份认同》:本书阐明了新的理论观点、提供新的实证依据,以了解亚洲一些国家和地区的某些移民群体在生活中如何以及为什么把文化、社会、政治和经济的特征与不同地区和聚居地的根本特点相结合。本书编著者共同推动了交叉性分析新方法的产生。交叉性分析考察大量的因素,如种族、性别、社会阶层、地理位置、技能、文化、网络位置和年龄是如何相互影响,从而进一步危害或改善人们获得所需资源的途径。

《教育、公正与人之善:教育系统中的教育公平与教育平等》:本书把对教育公正的思考与对人之善和教育目的的思考结合起来,揭示出:仅对某些分配模式作出评估还远远不够;还必须澄清分配物的价值。从这种意义上来说,对教育价值的深入思考也是解释教育公正的一部分。

《幻想公平》:本书作者探讨了平等和教育问题,特别是平等和质量之间的冲突,之后他转而探讨了诸如社会阶层之类的社会因素与教育公平之间的关系。同时,他还讨论了知识社会学的新支持者们的观点,这些人声称不平等的原因在于我们组织知识以及将知识合法化的传统方式。最后,他将注意力转向文化问题以及建立一个共同课程的愿望。在书的最后,作者犹犹豫豫地声明自己是个非平等主义者——并非因为他强烈反对平等,而是因为他热烈地相信质量之于教育的重要性。他无法理解在当前对平等主义政策趋之若鹜的情况下,教育的质量如何能够得到保证。这是一本极具争议的书,它既通俗易懂,又别出心裁,同时也不乏严厉的批评。

《科尔曼报告:教育机会公平》:该报告根据美国《1964年民权法案》的要求,经过广泛调查,以白人多数族群所获得的机会为参照,记录了公立学校向少数族裔的黑人、波多黎各人、墨西哥裔美国人、东亚裔美国人,以及美国印第安人提供公平教育机会的情况。该报告的比较评估建立在区域性及全国性的基础上。具体而言,该报告详细介绍了少数族裔学生和教师在学校里面临的种族隔离程度,以及这和学生成绩之间的关系,衡量因素包括成绩测试,以及他们所在的学校类型。调查结果中值得注意的是,黑人学生和教师在很大程度上被以不公平的方式与白人师生隔离,少数族裔学生的成绩普遍低于白人学生,并且更容易受到所在学校质量的影响。

《日趋加大的差距:世界各地的教育不平等》:经济增长究竟是造就了机会的开放(如社会民主国家),还是导致公众为公立教育机构的少数名额展开激烈竞争(如福利制度较薄弱的发达国家);民办高等教育的惊人增长,一方面弥补了高等教育机会的缺口,但另一方面也给部分家庭带来了严重的债务问题,因为这些家庭必须独自承担这种人力资本积累。在不平等日益扩大的背景下,世界各国展开了对教育优势的竞争。对于理解这个现象,比较研究是一种至关重要的方法。本书对该问题研究的贡献在于:在对不同教育体系进行描述之外,展开详细的国家案例研究。

《教育的社会公平手册》:作者指出教育的社会公平并不是什么新的理念,也不是又一个对现状修修补补的改革倡议,教育的社会公平是民主社会教育和教学的根基,是民主建设的基石。我们将迎来一个文明先进、充满希望的黄金时代,在这个时代,儿童会成为最受瞩目的社会成员,而教学将回归本真,被视为最重要、最高尚的事业。这一点虽然在政策和实践上会有分歧,但却很少被公开质疑。本书将作为教育改革斗争中的一件利器,提醒我们教育不可改变的核心地位。社会公平教育是建立在以下三大基石或原则之上的:1. 公平,即公平性原则;2. 行动主义,即主动性原则；3. 社会文化程度,即相关性原则。

《教育、平等和社会凝聚力:一种基于比较的分析》:本书采用不同的方法,主要关注两个问题,一是社会层面,而非个体、小群体及社区层面的社会凝聚力;二是教育如何影响以及在什么背景下影响这种社会凝聚力。因此,本书所探讨的是最广义上的社会凝聚力结果,作者们不仅从融入劳动力市场的角度,而且从可能与社会凝聚力相关的更广泛的社会属性角度对这个问题进行了探讨,后者包括收入不平等的结构性、社会性和经济性议题:收入低下,社会冲突,以及基于信任、容忍度、政治投入与公民自由的各种文化表现形式。

《学校与平等机会问题》:本书聚焦大众教育中的"平等—效率"困境。如今的很多教育研究将目光投向教育改革,人们期待那些改革能关注平等机会这个问题。西方国家的学校也探索了许多替代方案,诸如去分层化、更灵活的课程、重视子女的自我观感胜过重视他们的学业成绩、通过测试来确保没有子女掉队,以及为低收入家庭提供选择。本书研究者收集到的证据表明,尽管展现了一些进步的可能通道,他们仍然对于很多学校所采取的激进的改变机会结构的政策的有效性提出了质疑。根据目前所知,人们不宜期望短期能出现奇迹。最好的方法就是通过一个高效的教育体系来挑战每位受教育者,让他们都实现自己的潜力。在那个意义上,一个高效的教育体系也有助于实现平等。

2018 年 5 月

目 录

总编辑的话

目前,许多学习哲学的学生对教育哲学的兴趣日益浓厚,而那些带着更为具体和实用的目标关注教育问题的人也对这个问题越来越感兴趣。众所周知,自柏拉图以来,哲学家们对教育都颇感兴趣,并且将其置于更广阔的、关乎知识和美好生活的背景中进行了探讨。然而,在我们国家,直到最近几年,教育哲学才像科学哲学或者政治哲学那样被当作哲学的一个特有分支加以看待。

但是,将教育哲学称为哲学的一个特有分支并不是说它的与众不同之处在于它可以如认识论、伦理学和心灵哲学那样脱离既定的哲学分支而存在。对其更为恰当的看法应当是:教育哲学依托既定的哲学分支,并用与教育问题相关的方式将这些分支融合在一起。在这个意义上,把教育哲学比作政治哲学是个很好的类比,这样做往往能够引出那些在哲学领域业已取得的研究成果。例如,在处理具体问题时,诸如父母和孩子的权利、学校的惩罚、教师的权威这类问题,完全可以参考并扩展哲学家们对"权利"、"惩罚"和"权威"问题所进行的研究的成果。但是,在其他情形中,例如,像"教育"、"教学"、"学习"和"灌输知识"这样的概念,在与哲学相关的分支中则不存在相关的系统性的成果。故而,教育哲学家们不得不去开疆辟土——在心灵哲学领域探讨这些概念。关于教育问题的研究成果也能够为哲学上那些凝滞不前的问题带去新的洞见,打破僵局。例如,对于儿童所遭遇的特定困境的研究可以为惩罚和责任问题带去启发。G. E. Moore 一直为什么样的事情是本质上好的事情而发愁,对中小学课程合理性的迫切探究再次将这个老问题激活。

正如其他任何一种应用领域的学科那样,教育哲学领域也存在着极端化的危险。在实用性与哲学性这两极当中,我们的工作有可能强于实用性而弱于哲学性;或是在哲学上微妙精深,与实际的问题却差之迢迢。这套新的《教育哲学国际图书馆》旨在在该领域建立一个基础工作的体系,它既与实际密切相关,又具有充分的哲学性。因为唯有同时实现这两个目的,它才能满足那些它所服务的人的需求,才能够让国际图书馆所要代表的教育哲学这个概念名副其实。

David Cooper 的《幻想公平》一书正是国际图书馆努力推荐的这类书籍的一个杰出例子。现在,总的来说,几乎每一个人都青睐公平,但是 Cooper 先生在他书中的第一章中坚持认为他们并不是真正的平等主义者。为了解释清楚平等主义的典型特征,他带着批评的眼光研究了 John Rawls 的大量有关正义的著述,并在 Rawls 的帮助下,阐述了他所认为的平等主义的典型特征。

在此基础之上,他探讨了平等和教育问题,特别是平等和质量之间的冲突。之后他转而探讨了诸如社会阶层之类的社会因素与教育公平之间的关系。同时,他还讨论了知识社会学的新支持者们的观点,这些人声称不平等的原因在于我们组织知识以及将知识合法化的传统方式。最后,他将注意力转向文化问题以及建立一个共同课程的愿望。

在书的最后,他犹犹豫豫地声明自己是个非平等主义者——并非因为他强烈反对平等,而是因为他热烈地相信质量之于教育的重要性。他无法理解在当前对平等主义政策趋之若鹜的情况下,教育的质量如何能够得到保证。

这是一本极具争议的书,它既通俗易懂,又别出心裁,同时也不乏严厉的批评。对于所有对这个话题感兴趣的人而言,这无疑是一本值得称赞的好书。

序 言

Tom Wolfe 写了一篇激动人心的文章批判抽象派画作是"画字"。在文章的开始，作者回忆了自己在某一个瞬间终于明白为什么经过多年的努力，却始终看不懂在"抽象的表现主义"、"平面艺术"、"欧普艺术"之类的作品中到底蕴藏着什么。站在一幅混沌的油画面前，他突然意识到画里其实什么也没有：这就是为什么他总是抓不住 Henry James 所说的"那个东西"的原因。1973 年，当我正在为哲学与教育皇家哲学院研讨会准备一篇名为《质量与平等》的文章时，我也有过一个类似的经历。当时我正在研读一篇有关平等主义的短文，我突然意识到无论是在学生时代还是之后的岁月中，我之所以从未看到平等主义的魅力是因为其实根本就没有这种东西存在。这，才是导致我理解困难的原因，而并非我的悟性迟钝或道德失明。从那时起，我越来越相信，如果一个地方的政策或原则是正确的，除非极其偶然，否则它绝不可能是平等主义者们所鼓吹的那种地方；如果一个地方的政策或原则体现着平等主义的核心精神，那么这个政策或原则就绝不可能是对的。

Wolfe 继而探讨喜爱抽象艺术的人实际上是如此之多，他猜大概有成千上万。这些人用高超的技巧将数以百万计的人骗得团团转，让他们相信在抽象艺术中存在"那个东西"。想一想其中到底有多少平等主义者，那会是一件很有意思的事情。对于 Wolfe 所说的成千上万我有所怀疑，我觉得应该只是一小部分。这群人精力充沛，他们异常成功地让众多的人相信自己是或者也应该是平等主义者。我认为在那些打着"平等"旗号的人当中，只有极小部分人是真正的平等主义者。你们完全有权怀疑我的这一观点，但是我希望能够在接下来的章节中证明这个观点。

假如我是在五年前写的这本书，我的情绪可能会乐观很多；因为当时教育领域的平等主义潮流已经出现了转向的迹象。至少在理念世界是这样的。面对教育的平等主义政策所带来的与日俱增的后果，几个教师、哲学家、政治家和一些社会学家拿起笔来警告我们不要反对平等的理念。最明显的事件是，我们有了这一系列的"黑色论文"。但是现在乐观主义的呼声越来越弱——在理念世界里，其原因有二。第一，乐观主义在政治哲学家 John Rawls 身上找到了一个经验丰富的捍卫者——尽管他在这件事情上是个有保留的捍卫者。虽然他的《公平的理论》一书在 1972 年业已问世，然而公众普遍感受到它的影响却是在多年之后，因为该书很大一部分的长篇大论必须先进行瘦身，从而更适合民众消化。第二，1971 年出版的一本名为《知识和控制》的书催生了一种全新的平等主义。该书提倡极端的激进主义和半哲学性的融合，两者所调制出来的那种晕乎乎的、使人陶醉的教条已经渗透了好几代教育专业的学生。故而，又有新的战役要打。

在此，我要感谢 Richard Peters，是他鼓励我撰写这本书；我要感谢我的同事 Antony O'Hear，他对我初稿中的很大一部分提出了宝贵的意见；感谢 Ruth Harrison 帮我打印了终稿的绝大部分。我尤其要感谢 Antony Flew，他对本书的每一章都做了详尽和敏锐的点评。我也要向他致歉，因为我将他引向了更为广阔的平等主义的地带，而他却早已警告过我们切勿涉足。

第一章
平等主义

1. 现实与假象

　　有这样一个有关公平的问题：为什么公平成了教育辩论和教育政策中一个占统治地位的主题了呢？在某种意义上说，公平是无数作者和政治家们的一个既定的教育目标，它通常主动发挥一种标尺的作用来评判各种各样的教育实践。它持续地向先锋派的思想提供原初的推动力，而最近几年，先锋派思想已经俘获了时尚的想象空间。对于这些看法，通常无需过多的解释——不过以下是一些学者们对这些看法所做的阐述。A. H. Halsey 认为"一个社会（一个公平的社会）一旦形成，教育应主要扮演一种维护这个社会的角色"。[1]而另一个社会学家 Brian Simon 却认为教育的"目的应当是公平"。[2]政治家们也和社会学家们一样青睐术语；对于教育的目的是确保"获得智力的公平机会"[3]这一观点，Crosland 和 Boyle 都很高兴地加以认同——或者说他们看起来是认同这一观点的。当然，教师们也不甘落后。"等级及分类"（Rank and File）教师团体的一个女发言人特别敦促"教育预算要翻上数倍以实现平等"，呼吁废除公立学校和直接拨款的学校，"所有教师享受同一水准的薪水"，"高等教育向所有感兴趣的人免费提供"。同时，用"彻底综合性的学校里的集体努力"来替代选拔和竞争。在这些学校，所有人的努力都受到完全平等的对待。[4]

　　至于平等自动成为一种标尺一事，可以参阅最近刊登在"泰晤士报教育副刊"上的一篇名为《令人沮丧的目录》的文章。这个目录是一个清单，上面列举了红桥学校（Redbridge School）的移民儿童没有他们的白人同学表现优秀的方方面面。这篇文章对于孩子们的表现到底如何出色只字不提；就我们所知，他们也许真的非常出色。作者想当然地认为不如其他孩子出色足以成为一个沮丧的原因。

　　快速地浏览一下 Ivan Illich 的书可以很清楚地看到一个思想，那就是：正是平等主义的气息赋予一些受人追捧的先锋派思想以生命。在他的《废除传统学校的社会》（*Deschooling Society*）一书的第一章的结尾，他把批评的矛头指向学校，其原因仅仅是学校让一些人得到的利益远远大于另外一些人。[5]只有在最后几个章节中，他才从教学法的角度论证那些最受益的人其实在其他方面可以做得更好。我们在第四章中还会看到"新兴的知识社会学家们"所做的教育评论是如何从战后"自由的"教育改革的失败中获得激励，而这个所谓的失败是他们从平等主义的角度进行评估所得到的结果。

2

人们在教育政策领域做了大量有关平等与教育的事情。在国内外最引人注目的革新举措中，明确说明是从平等的角度加以支持的就有几项：综合性学校、教育优先区（EPAs，Educational Priority Areas）、照顾少数民族团体的"积极的歧视"、中等教育证书（CSE）、启智计划（Head Start）、"自由大学"、在议会里设学生代表等等。我们也不应该忘记早些时候所进行的改革曾经是以平等的名义加以维护的，而后来的平等主义者们却对改革进行了如此严厉的批评。这一点从那些最后促成 1944 年法案出炉的报告中看得清清楚楚。1938 年的 Spens 报告认为，"对教育的根本要求是在所有类型的中学之间建立一种平等关系，以取代青睐'学术'儿童的现有的教育体系"；1943 年的 Norwood 报告认为，新式学校的工作是"公正地对待它们的所有学生"，"必须谴责那种只适合部分学生的课程设置，因为这种课程设置不适合其他学生"。[6]

诚然，在最近的革新举措中，我们很难想出有哪一项没有被人以平等的名义加以维护过。这一事实必然令人心生疑窦：那些以正义的名义提出的要求和政策之间也许并非是真正一致的。稍稍浏览一下我在上文提到过的革新措施和引文也会令人生此疑问，这是相当肯定的事情。Edward Boyle 爵士和"等级及分类"组织都能够让人看到这一点；那些建立三方体系的人和那些取消三方体系的人同样能够让人看到这一点；当人们用类似的理由去为中等教育证书（CSE）和不分流教育这两个完全相左的做法辩护时——显而易见，那些打着平等旗号的人鼓吹的统一肯定只是一个伪统一。

不幸的是，这样一个伪统一却轻而易举就捕获了人心。其原因在于逻辑。无论何种政策都具有让一些人在某个方面彼此更为相似的效果。不分流教育使得孩子们在他们所接受的教学方面更为相似；CSE 使得孩子们在通过某个考试的机会上更为相似。通过着眼于这样一个相似之处，人们就可以为任何一个政策辩护，因为借助它，人们实现了某种公平。X 政策在 Y 方面实现了更大的相似性，其把戏就在于只关注这个方面，而忽略对其他细节的拷问，从而可以最后声称"X 政策带来了更大的公平"。

这些话为我们最初的那个问题给出了部分答案。这并不是真正的公平，而是公平的黑话和术语，它们统治着教育的辩论和政策。与其说公平无处不在，不如说是加了引号的"公平"无处不在。更为乏味的是，对公平的各种诉求组成了一个鱼龙混杂的团体，细看其中一些成员，我们根本看不到平等主义的本质特征。寄居在平等主义这一术语里的诉求到底哪些才是真正的平等主义？当然，我们很快要对这一点进行调查分析。

那么,问题实际上是两个:为什么有这么多平等主义? 它为什么会有这么多术语? 真身与影子,事实与粉饰,二者都必须加以解释。第一个问题可以在不同的层面上进行研究。例如,它可以被看作是一个需求,要对善于反省的平等主义者给出的证明自己是平等主义者的原因加以证实,因为据推测,一些平等主义者就是根据他们自己给出的理由而成为平等主义者。这些理由可能被用于支持平等主义的各种要求,作为一个哲学家,我应该高度关注这些理由。然而,第一个问题也可以被看成是要求我们去理解让平等主义生根发芽并让它枝繁叶茂的社会和历史因素。人们可以轻而易举地猜出其中的一些因素:本世纪可怕的恶性歧视的记录;潮流;无数的管理者和作者为了平等主义的缘故,并借助平等主义的手段留在永久交易中的既得利益。[7]

不过,其中的一个主要因素与其他问题相关;因为我想象过去许多人是为了追寻真正的平等主义而接受了那些实际上只是寄居在平等主义术语和假象里的规则和政策。减困扶贫已经成为平等主义术语表达此类关注时的典型措辞,然而它们却根本没有平等主义的任何特征。将此类令人尊敬的关注误认为是平等主义的关注会使得真正的平等主义目标很容易为人所接受。整个逻辑过程可能会是这样的:"因为我支持平等的权利,支持平等的摆脱贫困的自由,凡此种种,所以我肯定是一个平等主义者。因为平等主义者还有其他各种要求,例如缩减或废除收入差异,所以我想我也必须致力于这些事情。"这个想法也许与以下这个目前极为流行的逻辑没有太大的区别:"因为我反对女性与男性同工却少酬这样的事情,所以我肯定支持女性解放。既然女性解放包含说一些'发言人'这样的事情,还要拒绝男性递过来的打火机(来点烟),那么我猜想我肯定也是致力于此类事情的。"但是,就像反对付给女性不公平的报酬并不意味着自己就是一个女性解放者一样,同理,在当前的话语涵义中,关注人权和减困扶贫也不意味着自己就是一个平等主义者。

有那么一些人,他们急不可耐地想把任何试图解释人们为什么如此关注的企图与促进平等短接在一起,不管这种企图是真实的还只是表面的。因为,他们会说平等应当是政策的一个主要目标,这一点是不言而喻的,那些道德失明的人除外。为什么有些人是平等主义者(或是想成为平等主义者抑或是表面上是平等主义者)而另一些人不是,对这个问题的解释就好比解释为什么有些人看得见颜色而另一些人却看不见一样。R. H. Tawney 这样谈论过非平等主义者："一个人喜欢那种狗只不过是因为那是他所喜欢的那种狗。"[8]但是,把一个或一整套到目前为止还未为人所认真接受的原则看成是不证自明的原则,这种做法是行不通的。实际上,迄今为止,我们很难找到有哪个社会思想家把平等看作是任何形式的终极目标这样的例子,而且这个"今"是离现在相当近的时间。即使是那些早些时候有时被冠之以"平等主义者"之称的思想家,例如平等派或 Thomas More 爵士,看上去最多也就是出于工具主义的原因而更青睐某些种类的平等而已。例如,平等派的领导人 Winstanley 为支持"拉平"收入提出了两个纯实用性的理由:第一,财富给予人们力量,让他们去压迫自己的同胞,发起战争。第二,财富无法通过诚实的手段获得。[9]《乌托邦》的作者一直想着要将财产平等地分配给公众,其基础是如果不这样做的话,财富就会落入恶人手中,从而"导致其他人流离失所、痛苦不堪"。[10]平等是个具有高度价值的终极目标这种理念,或是从逻辑上将平等嵌入某种东西之中——也许,是正义——而这种东西是个具有高度价值的终极目标,这绝对是最近才有的奇想。

如果说各式各样的历史平等主义者和平等主义根本不沾边,如果说当今以平等的名义提出的许多要求和平等主义根本不沾边,那一定会招来一些质疑。所以,证明这些说法的合理性对我来说是第一重要的。这不仅仅是为了减少这样的质疑,也不仅仅因为这是对平等主义正本清源的第一步,更是因为,通过揭示一些要求当中的平等主义本质的虚幻性,我们可以顺利地对平等的术语和假象的盛行进行解释。我们有理由相信,许多人之所以把他们的要求藏在平等这个术语中,是因为他们相信生成这些要求的绝对是平等主义,尽管这种信念是错误的。

5 一个人不可以仅仅因为他整天鼓吹"我们要 X 的平等"就被认定为是一个平等主义者。这个要求是不是一个平等主义的要求部分取决于 X 是什么,部分取决于提出这个要求的基础。如果 X 是"保护现有的财产持有",那么该提议就不是平等主义的提议。不论 X 是什么,如果提出这个要求的基础是因为它有助于加固一个森严的等级体系,那么它也和平等主义无关。对于以上所提的这个形式的要求而言,X 必须具备什么样的价值才能算是平等主义,这一点我会在本章后面的部分再来讨论。在此,我重点探讨这些要求赖以立足的基础是什么。

"我们要 X 的平等"能被算作平等主义要求的一个必要条件是决定增加或减少一

些人拥有 X 的数量的那个基础可以充当其他人拥有 X 的数量的根本参照。从根本上说，某些人应有更多的钱这一要求只有在其他人已经有更多的钱这一基础上才算是平等主义的要求。紧随而来，隐藏在以上这一形式里的许多要求并非如人们通常所做的辩护那样和平等主义有一星半点的关系（我这么说并不意味着它们是非平等主义的——相反，我是指平等这个话题不会在通常的辩护中自然而然地就冒出头来）。例如，想想 1870 年小学教育法案所执行的那个法令——必须在接受小学教育的权利和途径上实现平等。对此，标准的辩护理由是，很简单，因为小学教育对于一个儿童来说是一件又好又重要的事，不考虑是否一些孩子正在接受小学教育而另一些孩子没有。[11] 或者再看一些非教育类的例子。人们必须受到法律的保护，无论是否有些人没有这种保护。一个人的基本需求必须被满足，无论是否有其他一些人的基本要求正在得到满足。故而，在他们通常的、最显而易见的辩护理由之上，"必须实现平等的法律保护"或"必须平等地满足基本需求"都和平等主义无关。

当然，有一些要求在某些人的嘴里是平等主义的，然而在另一些人的嘴里却不是。以平等的教育机会这一原则为例子。提出这一原则的人通常只不过是要废除各种不幸的壁垒——例如，地域壁垒，因为它们使得孩子们无法获得体面的教育。提出这个原则时，平等主义是不在场的。不管是否有些人正面临这些壁垒而另外一些人没有，这些壁垒都必须就地废除。但是，那些要求上大学不设限的人也提出这一原则，他们的理由并不是基于大学教育本身对每个人而言都是好的这一点，而是基于如果有些人可以上大学，那么每个人就都应该可以上大学这个考虑。这就是一个平等主义的想法。

解释一下形形色色的要求是如何获得平等主义的假象比仅仅指出这一点更有意思。不仅如此，这样一个解释还会抵挡住意料之内的反对，即我限制"平等主义"这一标签的使用是在公然违抗（有些人）对这一术语的惯常使用。我怀疑我是在公然反对许多人对这一术语的使用，不过即便这样我也不太担心。惯常使用从来都不是神圣不可侵犯的；而且，当有人马上要来解释它是如何被误用时，甚至都没有一个对它有利的假设。

实际上，弄明白"平等"一词是如何掉进非平等主义的要求当中，并给这些要求披上了一个幻影，这并不太难。杰克应该接受小学教育；玛丽、理查德、查尔斯等等也需要。玛丽、理查德、查尔斯等等都是儿童;所以所有儿童都必须接受小学教育。也就是说,儿童在接受小学教育的权利上是相似的、平等的。但是,当然,更重要的是权利——杰克的权利、玛丽的权利等等,而不是他们之间的平等。后者只是以下这些事实所带来的一个微不足道的后果:以上提到的儿童每一个都拥有这个权利,所有儿童也都拥有这个权利。我相信,如果所表达的意思本质上是在以权利平等为由而要求某些权利的话,那肯定是很危险的,因为这会鼓励这样一种想法,即如果一些人没有获得他们的权利,那么谁都不可以有这样的权利。这会鼓励人们滋生出一种奇怪的想法,让人们觉得最重要的是人与人之间的相对地位关系、面对面的权利,而不是自己在社会上的绝对地位。(当然,与以上情况相反的例子也有。在这些例子中,考虑到一些权利的不重要性,所以真正重要的不是权利的获得,而是如果有人拥有这些权利的话,那么就要把它平均地分给每一个人;也就是说,在这些例子中,批评的主要火力是针对权利拥有的专制性,而不是针对没有给每个人他有充分理由可以拥有的某样东西,其他人是否拥有这样东西则不在考虑之列。例如,新年过后休假几天的"权利"。)

我们已经注意到"平等"会滑入某个原则却又不会增加该原则的实质内容的另外一种方式。任何一个原则只要执行起来都会使一些人在某个方面更为相似。故而,对一个原则就总会有某种诸如"做 X 会使得人们在 Y 方面更为平等"这样的表述方式。因为我们所谈论的这个平等是执行这个原则所带来的一个微不足道的结果,所以它在该原则中不会占有任何位置。当然,它也不会赋予该原则平等主义的地位——除非我们想说无论什么原则都是平等主义的原则,不过我们肯定不会这样说的。

也许,一些要求之所以会带有虚幻的平等主义气质的一个更重要的原因是:过去,人们获得各种各样他们本应拥有的东西的结果通常是减少差异。这不是一件有逻辑的事情,而是一件来自实践经验的事情。这可能意味着,在某些情况下很可能意味着,通过减少贫困人口(帮助他们满足基本需要),人们可以推动经济,让富的更富,扩大他们和极贫人口之间的差距。同样,一个普遍的结果是减少差异。因此,根据事实本身,反对那些碰巧能减少差异的政策通常就是反对那些让人们获得应得之物的政策。因为这个经验上的巧合,人们很容易认为平等就是目标,然而毫无疑问,获得各种各样的权利和利益才是真正的目标。毋庸置疑，因为某人的目标是 X（例如，获得某些权利），而 X 在经验上与 Y 巧合（例如，减少获得权利上的差异），于是就认为某人的目标是 Y，这是一个愚蠢的逻辑错误。弗朗肯斯坦的怪物想要拥抱那个小姑娘；可拥抱最终却变成了把她捏碎；这并不意味着这个心怀善意的怪物想要捏碎这个小姑娘。

有人可能会说："就算藏在平等这一术语里的许多要求只是假的平等主义，但是你提出的成为一个平等主义者的必要条件难道不会太狭隘了吗？如果有人提议诸如废除公立学校这种具有平等主义特征的措施，其原因不是公立学校使得一些人比另一些人获得更多的利益，而是，譬如，公立学校会加剧社会纷争。那么，这个人不是一个平等主义者吗？"我承认，给一个想要废除公立学校（或私有财产）的"平等主义者"贴上这一标签的原因之一是这些只不过是地道的平等主义者常常要做的事情之一。（在第三章，为了让我自己能够有机会讨论大量的提议和观点，实际上我并不是绝对坚持我所提出来的平等主义的必要条件。）然而，我认为这个理由被其他理由远远地比了下去；想想放弃我的必要条件的一些后果，想想只专注于要求的本质内容而忽略其基础的一些后果。我们必须认为以下这个发言人是在展示一个平等主义的态度："坦白说，我发现我们公立学校的小朋友们不得不和一群乌合之众摩肩擦背。人类构成了一个自然的等级制度，和劳动者的儿子相比，典型的公立学校的人就是属于一个更好的血统。你和矿工、码头工人挤在一个战壕里是一回事，让你的儿子和他们的儿子呆在一个学校里又是另外一回事。但是我们有什么选择呢？也许，如果我们牺牲掉公立学校，我们还可以避免这场暴力的革命，否则，坦白说，那会是不可避免的。"但是，这个人显然不是个平等主义者。

给某个平等性的举措所进行的纯粹工具性的辩护贴上"平等主义"的标签的第二个后果是，对平等主义的评估将会等同于对为了实现任何道德或社会目标而采取的手段所进行的评估。因为，大家可以问一问这些目标中的任意一个，此类的平等化举措对于实现该目标是否有任何帮助。假设人们发现当收入差距缩小以后，谋杀率降低了——这可以算是支持了那些对收入分配持平等主义态度的观点吗？可以肯定，一个平等主义者有资格指出他所倡议的政策所带来的有益的副作用。假如他这么做的话，他也很智慧；但是，可以肯定地说，使他成为一个平等主义者的不是他向人们呼吁这些副作用。以上述方式扩大"平等主义"这一标签的范围会像把"康德主义者"这一标签贴到这样一个人的身上一样：这个人不考虑人们应该因为责任本身而去履行责任，而是认为鼓励人们尽职尽责会有利于社会。

在这个阶段，我们可能会提出一个相当小的问题：鉴于许多从平等的角度提出的原则和需求并不属于平等主义，这是不是意味着"平等"及其同源词在这些原则和要求的形成中完全是多余的呢？如果在"儿童拥有小学教育的权利"中的"权利"前面嵌入"平等的"一词的话，是否会给这句话加上什么新的内容？有些人认为至少以下这些内容被加了进去：虽然拥有 X 的平等权利并不等于拥有同等量的 X 的权利，然而这必然等于对拥有 X 的数量上的差异必须给出充分的理由，而 X 的权利引发的还不仅仅是后者。[12] 这一点我不明白。如果我邀请别人来参加派对，那么他们每一个人都有权利，一个平等的权利，要求一杯饮料；但是我觉得他们并没有权利要求一样分量的饮料，我也没有义务去解释为什么给这个人倒了一杯大杯的饮料而给另一个人倒了一杯小杯的。当某个客人来质问我"为什么约翰的饮料比我的多十五分之一"时，我觉得我也没有义务要为自己辩解什么。确实有一些东西，人们有平等的权利拥有它们；如果将它们进行不平等的分配，那是必须作出解释的——但是我认为这并没有自动成为"平等"一词所携带的普遍内涵。

嵌入"平等的"一词通常会发生一件事情：它会强烈地暗示它所修饰的"权利"或"利益"是一些人已经拥有的权利或利益。"你们的孩子应该拥有这个夏天出国的平等权利"听上去不合适是因为没有一个孩子有这种权利。有时，当我们批评某种权利或利益匮乏时，最好去看看这一事实，那就是有些人并不缺乏这些权利或利益。我想，这就是"平等"一词在形成那些纯属虚幻的"平等主义"中的唯一作用。[13]

上文我已经说过，多数被误认为是平等主义的原则和需求都不属于这一类；我也已经着重讨论了各种各样的原则和需求没有满足某个必要条件这一问题。在第三部分，我会讨论那些具有平等主义典型特征的要求的具体内容，这些具体内容有别于这些要求的基础；在第四部分，我会探索一些有可能生成这些要求的隐藏的原则。在紧接下来的第二部分，我将就平等主义在教育政策和教育辩论领域出现的两种方式之间的重要差异进行阐述。

2. 教育的平等和为了平等的教育

Jencks 写道，根据他的研究团队的研究结果，由于学校教育与之后的收入和社会地位关系甚微，因此和多数的平等主义者相比，他对于"确保人们（在接受学校教育上）是相似的"[14]这一点并不太关心。当 Jencks 在写这些话时，他也说了一些异乎寻常的且又令人不安的话。异乎寻常的是这样一个想法：一个人，尤其是自认为是平等主义者的人，应该关注教育领域内的平等，直至将这一平等与收入、社会地位等事物的平等作因果关联。这样一个态度也许让人觉得异乎寻常，也令人不安；但是它看上去也异乎寻常地流行。通常，一个作家会宣称他将揭露我们教育系统内极不公正的不平等现象；但是，他随后拿出来的却是一组无力的数据，无法表明受教育之后的收入或职业与就读学校类型之间的相关性。多数的主教就读的是公立学校——诸如此类的数据。如果教育不平等像人们可能期待的那样指的是教学质量、教育资源、课程适合性等的差异的话，那么这样的数据告诉人们的绝对不是教育的不平等。当然，出于某种原因，可能教育之后的社会-经济不平等与这样的教育差异有关——但是很少人持有这样的观点。这是一个信号，说明人们对学校教育之后而不是之内所发生的事情高度沉迷。

这样的沉迷在以后还有更多。目前的问题只不过是要坚持以上这些话所暗示的那个差异——那些可能是被我们的教育系统所反映、鼓励或者制造出来的社会-经济不平等和在该系统内发现的真正的教育不平等。在下一章之前，我不应试图加重"一个真正的教育不平等"这一概念的困难性；但是，我们也许可以期待对这一问题进行讨论，从而将对至少以下这些问题的差异性的讨论也纳入进来：教学质量、师生比例、儿童教育开支、图书馆及其他教育资源、考试及选拔标准、学校教育的长度以及家庭的"文化设备"。最后一项尤其说明在社会-经济不平等和真正的教育不平等之间也许存在着重要的关联。然而经济上的贫穷和家庭文化设备缺乏之间的这个假设的关联不应该成为我们捏造不同经济水平之间的差异性的理由。就儿童所接受的教育的不平等性而言，经济差异本身并没有告诉我们任何信息，同时，它也没有告诉我们任何有关"文化设备"差异性的信息，而据推测，它确实会告诉我们一些什么。在教育规定上存在差异，这是我们反对的一件事情；这些差异与收入和社会阶层有关，这更是一件我们

10

反对的事情。在保留教育不平等的同时,努力打破这些不平等与社会-经济不平等之间的联系,这两者之间不存在丝毫的不一致。

与许多差异一样——例如之前讨论过的对平等的真正呼吁和假性呼吁之间的差异——去解释它们被忽视的原因比仅仅指出这些差异要有意思得多。当下的这个差异之所以会被捏造出来,其原因之一正是对上一段的那个例子进行归纳的结果。教育体系中那些反映、制造或者强调的社会-经济不平等的特征正是那些体现了真正的教育不平等的特征,这并非一个毫无道理可言的肤浅的假设。公立学校是教育的宠儿,据推测,它们确实反映并强调了社会-经济的不平等,也许还推动了这些不平等的长期存在。这个推测无关逻辑。从原则上说,为什么不是方方面面的教育平等帮助制造了更大的社会不平等,这并无道理可言。假设以下这两点都是对的:不分流政策会帮助最聪明的学生,最聪明的学生是最富有的学生。在这种情况下,不分流政策的平等化步伐应当会加剧经济不平等。(在 19 世纪,当部队军官晋升的机会更多地由才能决定时,据说贵族军官的比例就上升了——因为根据那时候的要求,他们是真正有才能的人。)然而,就该假设的程度而言,不分流政策会在某种程度上消除实际的需求,这样大家就会注意到我所提出的差异——因为反对由教育系统滋生的社会-经济不平等实际上会被看作反对该系统的内部不平等。

11　　为什么人们会掩盖这个差异呢? 一个相关的,但是从某个角度来说更微妙的理由是他们被某些观点说服了,认为与教育有关的社会不平等是教育不平等的一个必然准则(也许迄今为止尚未发现)。具有讽刺意味的是,这样的观点在各类促成"11＋"测试(11-plus)的报告(例如,Hadow、Spens 等等)和随后对那个测试的批评中都能看到。1944 年以前的推理过程大概是这样的:如果单一的中学体制使得中产阶级的儿童比工人阶级的儿童表现得出色很多的话,那么这一定是因为教育待遇上的一个重要的不平等;只有中产阶级的儿童才能获得适合他们的教育;我们要做的事是建立一个体系,让每个儿童都能够获得适合他们的教育。"11＋"的批评者们已经提出,既然中产阶级的儿童在测试中的表现遥遥领先,那就说明这个测试肯定是不公平的;说明智力相同的儿童没有拥有平等的机会。因为,尽管该测试惺惺作态,但它考的不是智力,而是已获得的知识,而中产阶级的儿童拥有的知识当然更多。从教育的角度来讲,一个公平的教育本身不会在统计数据上偏向某个特定的社会阶层。接受这样的观点会再一次为了实际的目的而掩盖我所提出的差异。

最后一个因素有点不好阐释。如果教育是一个短暂的事情，没有分为若干个阶段，那么教育领域内的不平等和随后的那些可能或不可能源自教育的社会-经济不平等之间就会有明显的暂时的区别。然而教育是个漫长的过程，分为不同的阶段；在某个阶段（如小学）发生的事情会对后面的阶段产生明显的影响。这些影响，无论是不是平等化的举措，都具有教育和社会的双重本质。作为一个出生于富裕家庭的男生，如果我上了一所好的预备学校，那么我上一所更好的中学的可能性就会比其他人大得多——我也有更多的机会上一所会强调、也许还会加剧我和其他人之间的经济差距的学校。因此，两个男生之间由于其中一个上过一所预备学校而带来的不平等就不仅仅是教育上的差异，也是社会性的差异。由此想来，这个关联使得人们在讨论预备学校体系的不平等时就更容易掩盖我提出的差异。（仔细看看最后这句话以及之前说过的许多话促使我要强调一下，我在使用"不平等"一词时是没有丝毫贬义的。如果一个社会学的演讲者或者一个工团主义者谈及"预备学校的不平等"或者其他什么事情时，人们会自动认为他是在做批评。请允许我最强烈地强调一下，我在使用这个术语时，没有丝毫批评的意思。）

即便作出精确的阐释非常困难，但是我想让大家注意到的那个差异确实存在。无论真正的教育不平等和其他的社会-经济不平等之间的实证关系是多么的接近，观念上的差异始终存在。当然，近年来，人们对这些关系之间的亲密性提出大量的质疑——由于实际的原因，这使得对它进行关注成为第一重要的事情。[15]无论如何，我将会留意到它。为了让这些问题都能分别得到充分的讨论，我将用接下来的这一章来讨论真正的教育不平等这一问题，然后在第三章讨论可能是被教育系统反映、强调、推进或是制造出来的更广泛的不平等。

有些平等主义者，从他们的话来看，除非教育不平等与社会-经济不平等有关联，否则他们对教育不平等不感兴趣。对于这些平等主义者，比如 Jencks，人们能说什么呢？这种兴趣的丧失令我费解。许多平等主义者似乎都是从对人类商品的关注开始的。他们的学说研究的是人类商品的分配。除非人们认为一些东西是好的，是人们所期望的，是对人有益的，是有价值的，否则就不会有分配的问题。没有人会关心那些无人问津的东西是如何分配的。现在，人们看样子真的不得不成为诗人阿诺所说的野人或庸人，从而假定他唯一感兴趣的东西是金钱，它的分配对他也分外重要，而且他还同样关心钱能买什么、社会地位如何，凡此种种。我应该假定学校提供，或努力提供有价值的东西，提供的理由是这些东西与财富、地位等等毫无关系。我觉得，知识、想象力和道德观也应被纳入这个供给之列。对我而言，我不明白一个平等主义者，或其他任何一个人，怎么能够对这些商品的分配如此冷漠，同时还承认他们就是这样的人。我也不明白一个人，无论是不是平等主义者，怎么能够无法承认这一点。

而且，我再次重复一下，教育是一个漫长的过程。许多人花费他们生命的多达25%的时间来接受正式的教育。这真的实在让人难以理解在这个漫长的过程中所接受的东西本身，它的重要性竟然不足以让它的分配问题成为人们一个独立的兴趣。

如果最终的结果是教育的分配与更广泛的不平等之间关系甚微，或是毫无关系的话，那么我不确定一个平等主义者是否有权对教育的分配更不感兴趣。确实，你可以猜到教育领域内一些具有典型的平等主义特征的提议也许实际上因此而被强化了。正如 Tyrrell Burgess 所说，如果这种关系缺失的话，那么

13
　　　学校与学校之间的巨大差异就是不可忍受的，这不是因为它们学生的将来，而是因为它们当下的经历。如果学校的内部和外部机构几乎产生不了长期的影响的话，那么对于那些导致当下的贫困与不幸的安排就没有借口可言。[16]

（当然，这一段话信息量很大——估计它是在说平等主义者谴责的是教育的花招，而不是他们所鼓励的那些东西，因为那些东西对"当下的经历"和"幸福"有负面的作用。不过，无论教育的花招是不是属于平等主义，都有待评估；也不管它是不是有长期的影响，这个主意实在是太正确了。）

3. 拉平

之前，我确认了一个平等主义的必要条件：它必须是建立在因为其他人拥有更多（更少），所以一些人应该拥有更多（更少）这一基础之上。显然，这不是一个充分条件。

例如,这样一个要求就可以满足这个条件:因为其他人生活在温饱线以上,所以应该免除百万富翁的税收。如果给我们的必要条件再加上一条:这个要求必须是为了更大的平等,我们会获得一个充分条件吗?不会,因为假设有人像以下这样为公立学校说话:如果一些儿童,贫穷的儿童,上了他们的父母负担得起的学校(如,州立学校),那么其他儿童,富裕的儿童,就应该上他们的父母负担得起的学校(如,公立学校)——由此让儿童更加平等。从现在开始,每个儿童都要去上他的经济条件所允许的那类学校。或者,考虑一下以下这个要求,它同样满足所提到的两个条件:因为一些人根本不用纳税,所以谁都不必纳税,由此可以让人们在纳税的自由上实现平等。显然,上述这些要求都不是平等主义的要求。它们与平等主义正好相反。

他的要求会制造出平等,而他对手们的要求则不会——这样一个事实是无法甄别出一个平等主义者的。这个说法虽然乍听起来自相矛盾,然而它实际上却是合乎逻辑的。原因是任何新制造出来的平等必定伴随着一个新的不平等。日益增加对人们的税收,这样你可以使得他们在他们剩余的财产数量上更为平等,由此你会使得他们在剩余财产的比例上更为不平等。给百万富翁的孩子们建造非常昂贵的学校,于是你就创造了学费上更大的不平等,与此同时,却又使得学费与父母收入的比例趋于平等。相当普遍的是,每当你让人们在 X 方面更为平等时,你会让他们在带有 Y 特征的事情上更为不平等。这是在所难免的。

我希望这些例子已经把这一点解释清楚了,但是如果你需要一个正式的例证的话,这里有一个。(不需要这个例证的人可以直接进到下一段)F 同一性(都具有 F 特征)的关系是一个自反的、对称的和可传递的关系,它定义着物体的一个或多个等价类。在每个类别内部,所有的物体在 F 特征上是完全相同的;来自两个不同类别的两个物体不会在 F 同一性上一模一样(例如,用"身高一样"定义所有那些等价类,每个等价类里的成员都有着同样的身高)。假设 F 同一性定义了三个类别(a, b)、(c, d)、(e, f);同时假设我们让它们在 F 同一性上实现平等。我们的做法是将这六个物体中的一些或者全部看作在 F 同一性上是一模一样的。这样做的结果是我们会制造出一个由 F 同一性定义的单一的等价类(a, b, c, d, e, f)。我们可能也可以通过另一种方式来达到这个目的。例如,用某种方式来对待 a 和 b,用另一种方式来对待 e 和 f,使得它们在 F 同一性上与维持原样的 c 和 d 变得一模一样。现在,我们很容易就构建出一

14

个 G 同一性的关系。在把我们的六个物体进行 F 平等化之前,它们在 G 同一性上是相同的;然而在进行 F 平等化以后,这个关系就定义了三个不同的类别(a, b)、(c, d)、(e, f)。这就是说,当我们让这些物体在 F 特征上相同时,我们也自动使得它们在 G 特征上变得不同。G 同一性会是什么呢? 这个嘛,比方说,它是关于为了与 c 和 d 在 F 同一性上相同而进行的处理的一种同一性关系。在 F 平等化建立之前,所有的物体在这方面都是平等的——因为它们谁也没有经过其他的处理。在 F 平等化建立之后,a 和 b 就不同于 c 和 d,转而也不同于 e 和 f,其不同点就在于它们得到了不同的对待。G 同一性这一概念听上去可能让人觉得虚假;然而关于它的例子在道德上却是第一重要的。如果一个人被没收了十分之九的收入,其目的是为了让他的收入与其他人的收入更为接近,那么这个人完全有可能认为这种没收标志着自己与其他人所得到的对待上的一个重大差异。这样想是完全合乎情理的。

我的这一观点既不是无足轻重的,也不仅仅是“华而不实的”,原因至少有以下两个。第一,许多有意思的争论讨论的并非“我们应该拥有平等吗”这一赤裸裸的问题,而是我们应该拥有哪些有竞争力的平等。确实,所有的争论从根本上说都应该是这样的,因为每一种被要求的平等都自带一种不平等,反之亦然。[17]这样,那些在平等主义的基础上推动不分流教育的人常常会遭到反对,说是那会制造不同儿童所接受的教育的适当性的不平等。第二,这个观点对一个甚至(或特别)受到非平等主义者钟爱的论点造成严重破坏。这个论点认为不平等总是需要作出解释的,而平等却不必。拥护这一论点的非平等主义者说,虽然一种不平等常常能够得到解释,但那正是它所要求的——解释。然而这却不可能是正确的:如果有一个支持 X 平等化的设想,那么就有一个支持 Y 不平等化的设想(鉴于:如果人们在 X 上更加平等,那么人们必然就会更不平等)。如果 Y 的不平等要求解释,那么 X 的平等也一样要求解释。(因为 X 和 Y 代替“税后收入”和“税后收入占比”,或是“课程内容”和“该课程对于每一个儿童的适当性”。)

这一观点的明确结果是:我们不能根据一个人的要求会带来平等就认定他是一个平等主义者(因为他的反对者的要求也会带来平等),鉴别平等主义者的唯一途径是看平等的本质。让我们来参考一下平等主义要求经常带来的“拉平”式的平等。对于一套拉平式的平等要求,平等主义者往往照单全收,或接受其中的绝大部分。

　　拉平式的平等是什么呢？我完全不确信除了拉出一个清单，人们是否还能对它做出更好的解释。换句话说，我完全不确信那些平等要求是否有某个重要的普遍特征，而我们又将这一特征看作平等主义的典型特征。也许，纯粹出于历史的原因，或者根本就没什么原因，这个要求被收入标着"平等主义"的袋子而那个要求却没有。我们也不应该忽略好多作者都提到过的那一点，[18]即之所以被视作平等主义，部分原因是由产生它的年代所导致的。1789 年的资产阶级革新者以平等的名义提出来的许多要求都不在 1917 年 10 月的革新者拉出的那张清单上。接下来，我马上要对将平等主义的各种拉平式要求联合起来的事物进行探讨，假如我的探讨无果的话，我也不会太沮丧。毕竟，如果我们能对这些要求是什么达成共识，并且都认为它们值得讨论的话，我们就会有很多内容可谈了——即便我们还不清楚是什么东西让这些要求浮出水面并把它们放入标着"平等主义"的袋子当中也没关系。

　　在我看来，至少在 20 世纪的后期，没有人配得上"平等主义者"这一称呼，也没有人想被贴上这个标签，除非他赞同至少以下这些平等（或迈向更深程度的平等）：收入平等、职业和社会地位平等、种族地位平等、性别平等、选举权平等、劳资决定的"发言权"平等。出于迫切的实际原因，或是因为这个清单上各项目之间的冲突，一个平等主义者可能愿意推迟或低调处理一个或更多的要求。例如，根据严格的列宁主义传统，真正意义上的普选权必须等到财产平等化以后才会实现。但是这类要求他必须提出，以替代相反的特殊理由。出于对比的缘故，也许值得提一些不在平等主义套餐里的非拉平式的平等。例如，追求利益自由的平等，从一个等级进入另一个等级的平等的标准，对当前财产所有权的平等的保护。

　　在教育领域，我会假设至少以下这些要求属于平等主义套餐：教育机会的平等；专供儿童使用的教育资源上的更大程度的平等；更充分地使用教育体系，以促进现有的平等；儿童所接受的教育在质量上的更大平等。无论如何，如果我遇到一个以平等主义者著称的教育者，而他却不支持以上这些平等，那么我会很失望的。重申一下，把这些要求和一些我们觉得一个平等主义者不会在 1980 年的时候在教育领域推动的平等措施进行对比是很值得一做的。这些措施包括：在一个孩子的教育上想花多少钱就花多少钱的权利、建立单一种族学校的平等权利、教师质量与学生聪明程度的比例的平等。

　　在进一步探讨各种拉平式平等之间的某种统一性之前，我还要在其他方面提醒几句。第一，仅凭一个人支持平等主义套餐中的要求这一点不能认定这个人就是一个平等主义者。他必须将这些要求放置在正确的基础之上；换句话说，他必须满足第一部分的必要条件。第二，这些要求中有一些到底是什么意思根本不清楚。教育资源的平等是不是就是学校所提供的资源的平等？或者，除了学校所提供的资源的平等以外，还有那些在家里、街道上，以及"社会大学"里找到的与教育相关的资源上的平等？再有，到底什么是教育机会的平等（这个问题我在第三章会去努力探讨）？第三，有一种诱惑吸引人们在教育方面的要求的清单上加上一些相当特殊的要求，而且人们往往会将这些要求与教育的平等主义联系在一起，例如，不分流教育。我认为这个要求是值得抵制的。在此，我个人的偏好是把此类的特殊要求看成一个与各式各样基于实践经验的假设一起从拉平式要求中滋生出来的要求，而这些拉平式要求可以说并不属于清单上的那些要求所共同构成的那个核心价值。因为，假设关于不分流教育的常见的假设都错得无可救药；假设它让富裕家庭的孩子获得巨大的利益。在这样的情况下，我确信平等主义者们不会再把它作为一个目标。辨认出那些基于实践经验的假设要困难得多。为了让我清单上的要求被任何一个自称为平等主义者的人所放弃，那些假设就必须是错的。（这么说并不是要假装那些应该在这个清单上的要求和那些与各式各样基于实践经验的假设一起从拉平式要求中滋生出来的要求之间有任何明显的或是最终的差异。）

　　我认为，我们可以通过两种方法去寻找出现在平等主义套餐中的各种拉平式平等之间的统一性。一种方法是：努力把它们看作是由某种潜在的原则引起的。例如，人们也许可以认为拉平式的平等是在以下这个原则的要求之下而产生的：利益和负担必须在相关的基础之上进行分配。在接下来的这个部分，我会对这个问题以及其他许多候选的问题进行探讨。另一种方法是：挑选一个平等主义要求作为中心或范例，而后将其他任何要求都看作这个范例与某个基本上没有争议的、基于实践经验的假设相结合而产生的平等主义要求。显而易见，可被选作范例的要求是要求收入、财富和财产的平等。毫无疑问，人们最容易把这个要求和平等主义联系在一起，自封的平等主义者也最深情地培植这个问题。也许，这样一种情况可以解释为什么是性别地位的平等，而不是税后收入占比的平等，会出现在平等主义者的拉平式平等的清单之上。这个观点记录着在历史上为什么各种各样的要求会被逐一添加到平等主义的清单之上。但是,无论这个观点作为历史记录具有什么样的价值,我们都不可以将源自这个作为范例的平等主义要求的可导性作为一个标准,来判断一个要求是不是平等主义的要求。第一,正如前面提到过的,如果一个人只关注物质类商品的分配的话,那么他最好的情况也就是个庸人,最坏的就是一个不讲理的荒谬之人。第二,纵观历史,即便各种各样的要求仅仅是凭着它们与范例的关联而对平等主义者产生吸引力,它们当中的许多现在也都已经拥有了属于它们自己的生命,这是显而易见的;同时,那些致力于推动它们的人也赋予了它们以独立的重要性。

4. 平等主义的原则

人们为什么会成为一个平等主义者——一个有别于上文提到过的那种仅仅具有平等主义假象的货真价实的平等主义者? 是否有什么潜规则推动人们提出我清单上的那些要求? 如果有的话,是什么原则要求人们在以接受商品和占有商品上存在的差异性为根本参考的基础上对商品进行重新分配? 在讨论我们应该重点关注的那个原则之前,我要浏览一下其他几个受人欢迎的原则。

有些人认为是著名的效用原则生成并统一了平等主义的要求——或是说是这个原则与另外两个关键的前提一起协同做到这一点。这两个前提是:(a)人们从产生效用的商品(收入、地位,或其他)中提取效用(幸福、快乐,或其他)的能力相似;(b)这些商品要受日益减少的最低限度的效用所支配。也就是说,第 n 种商品的效用对每个人而言都是一样的,它比第 $n+1$ 种商品更有效用。鉴于此,被该原则设为目的的最大总效用要求对商品进行平等的分配。由于 A 和 B 两人在第 n 种商品对于他们的价值上是相似的,因此如果 A 拥有 $n+1$ 而 B 拥有 $n-1$,那么 A 所获得的额外的好处应该转移给 B——因为 B 获得他的第 n 个商品的所得大于 A 失去他的第 $n+1$ 个商品的损失。[19]

该原则(加上两个前提)确实满足我的必要条件;因为某人是否应该获得某物要视他人获得什么而定。多给穷人一些东西不是基于非平等主义的考虑,即如果不这样做的话人们的根本需求都无法满足,而从道德上来说,那是必须满足的。相反,这么做是因为,考虑到别人正在获得的东西,如果不多给穷人一些东西的话,最大总效用就无法实现。不过,实用主义者不会走得和许多平等主义者想要走的一样远。出于平等的缘故,他不会忍受没收富人的商品所导致的浪费。因为,出于某种原因,这些商品不会被转送给穷人。那样一来会减少可达到的最大效用。他不会说诸如这样的话:"与其每个人拥有不同数量的 X,还不如大家都没有 X。"

出于至少两个原因,如果一个平等主义者把他的要求建立在这样的基础之上,那就再鲁莽不过了。(实际上,就我所知,并没有太多的平等主义者这样做。)第一个原因是:很简单,这两个双重前提令人难以置信。单是考虑一下日益减少的最低效用这一前提就可以看出这一点。即使它与看起来可能是最适当的东西——钱和物质商品——相联系,也是完全不合情理的。挣 10 000 英镑的人从接下来所挣得的 10 英镑当中获得的效用会比挣 8 000 英镑的人少吗?——或者甚至,也许尤其,比那些挣 0 英镑的人少吗?我的第九斗烟——这是我的长期记录,或是桑拿浴,给我的快乐会比第八次少吗?要让这个前提略微靠谱一点,我们就不得不进行大量反事实的假设。假如每个人有着类似的奢华品位,假如他们有着类似的期望,假如他们一样能够使用额外的商品,假如他们都一样有能力欣赏额外的商品所带来的效用——如果所有这些假设都成立,甚至更多的假设都成立,那么这个规律也许适用。但是很清楚,在现实世界中,这样的假设范围太广,无法形成一个明确的基础来实施分配的政策。(这不是否认一些人所知道的知识远远超过他们的行动所需要的知识,而另外一些人却知之甚少,故而不知所措。)为什么该原则(加上两个前提)与平等主义不匹配的第二个原因是:它只告诉我们人们的总资产应当一样,却没有告诉我们这些资产的构成必须一样。例如,它允许这样的现象存在:两份资产的总数一模一样,但其中一份包含的 X 是另外一份的两倍,而 Y 是另外一份的一半。这就意味着该原则也许满足这样的情况:一些人有很多钱,但却毫无地位或者尊重,而另外一些人却正好相反。毕竟,许多人的无差异曲线图告诉我们他们愿意用钱去换取尊重,反之亦然。为了钻石和皮草,应召女郎变成了一个"性物体";为了"保持体面",退休上校落得身无分文。所以,依据该原则(加上两个前提),我们无法得出这样的结论:人们应该拥有性地位的平等,或者,尤其是收入的平等——除非它们其中之一的不平等被其他领域的不平等所弥补。一个连

"贱民"至少都是富人的有种族歧视的社会,或是一个只有女性才允许吃好食物的大男子主义社会也许能够满足要求。这样一个结论我想会被平等主义者所厌恶,因为他们坚定地支持我清单上的所有或是绝大多数要求。[20]

至于日益减少的最低限度的效用这一前提,当它指的是我们正在讨论的教育"商品"时,就更不靠谱了。关于教育"商品",我指的是从学习、有见识的教学、睿智的阅读等教育活动当中所获得的快乐和营养。[21]一本书给一个博览群书的孩子带来的收获大于它给一个文学初学者带来的收获;高等数学只有对那些已经学完基础数学的人才有价值;学习为它自己调制一种味道;Anthony Powell 所说的"富有想象力的探险的强度"会随着孩子探险的增多而增强。诚然,考虑到这种日益增长的最低限度的效用,人们可以通过把那些额外的商品分配给那些所得已然最多的人来实现教育"商品"总体效用的最大化。这就意味着,如果可能的话,一个实用的平等主义者必须在纯工具的基础上捍卫教育领域的平等。将提供给孩子的教育资源进行均分,只有当这种做法在某种程度上有助于非教育类"商品"——收入或其他什么——的分配时才是合理的,这些非教育类"商品"的分配是要达到总体效用最大值。这些计算到底是怎么做到的,我完全不知道。无论如何,就像我之前说过的,我不希望我们的兴趣被局限在那些对教育的分配只抱有纯工具式关注的平等主义者身上。

许多作者认为对平等的要求是由一个纯推理的原则生成的,就像 R. S. Peters 所说的,是一个"对于实际情景的假设"。[22]他们说,在实际生活中,理性的标准是这样的:人们不会区别对待 A 和 B,除非有人能指出他们之间一个相关的差异。这个意思也可以这样表达:理性的做法是平等地对待 A 和 B,除非有人能指出他们之间一个相关的差异。如果 A 和 B 是人的话,那么我们正在讨论的对待问题就具有道德上的重大意义。这样看来,我们总结出了下面这个潜在的平等的原则:我们给(允许)A 的东西不应该比给 B 的多,除非有人能指出他们之间一个相关的差异来保证这种区别对待。

无论事实是否真的如此,这条原则经常被看作一条强制令,让我们反对在对待他人时专断的、有成见的歧视。如果事实真的如此,我们就有绝对的理由不把它看作平等主义的潜规则。这样,我们不全都是社会主义者这一事实就暴露了 George V 对社会主义理解上的一个缺陷。同样,这也暴露了人们对平等主义理解上的一个缺陷,那就是把它等同于一个我们大家都接受的原则——我们所有人,也就是说,所有具有道

20

德感的人。因为,可以肯定的是,我们都反对专断的、有成见的歧视。当然,我们都反对专断的、有成见的歧视并不意味着我们之间必须达成多少实质性的一致——因为我们可能对那些被认为是专断、歧视和偏见的事情抱有不同的态度。一些人认为所有的考试都在某个方向上存在歧视;其他人则认为这是个愚蠢的看法。实际上,这是一条不会产生实质性结果的正式的原则,除非它与判断偏见、专断等的标准相结合。确实,当 Peters 说这条原则对于教育而言"几乎没有暗示什么实质性的东西"时,他是承认这一点的。[23] 现在,提出"接受这条原则不等于就成为一个平等主义者"这一观点的一个方法就是强调当平等主义者提出我清单上的那些要求时,他们本身是致力于某种实质性的要求的,而那些接受目前正在讨论的这条原则的那些人,也就是我们大家,并没有真正在做某件实质性的事情。

如果我们能够提供可让人接受的关于什么算是专断或偏见的描述的话,我们就没有理由假设,这些描述与那条命令我们避免此类行为的原则相结合就只会生产出平等主义者的拉平式要求。当然,我们没必要一定要成为某种平等主义者才能接受几个这样的要求——例如,要求人们必须先给一个人定罪才能将他关进监狱。我们也不能假设所有那些被平等主义者谴责的分配方法都源于专断和偏见。也许考上大学的那些程序真的让中产阶级的年轻人受益,这一点也确实让人无法忍受;但是这并不是因为大学偏爱中产阶级,或者因为这些程序太专断——除非它们都失去了正常的含义。我们真的要强调一下许多出于反对专断和歧视的目的而提出来的要求都没有达到我提出的可以算作平等主义要求的必要条件。假设某人因为今天是星期二就对朋友恶言恶语,这就是专断的行为。如果他对他所有的朋友都如此,那依然是专断的行为。在这种情况下,我们对他的行为所作的批评就不能建立在他对其他人的不同表现之上。实际上,其中的道理在惩罚之前先定罪那个例子中已经得到充分展示了。不惩罚一个无辜的人的最佳理由与其他人的情况如何——是无辜的还是有罪的——毫无关系。

虽然我们经常受邀阅读那条最初的原则——如果我们能够说出人们之间一条相关的差异,那么我们只能有区别地对待别人——以此反对专断和歧视;虽然我们一直是这样理解它的,但是我认为我们必须将对该原则的理解进行延伸。如果我对一个姑娘满怀深情,但是对另外一个却不是如此,而且我也找不到她们之间的某种差异来解释我的这种情感,那么这是否说明我有歧视,或是我很专断?无论如何,这反正都是贬义的意思。而且，这样一个例子告诉人们，一般来说，这个原则特别不靠谱。是否有一个假设赞成我们对别人一视同仁，除非你能说出人们之间的一个相关的差异？在我看来，这完全取决于这是一种什么样的对待方式。当然，你可以批评一个改卷的人无法解释试卷质量上的差异却给出不同的成绩。但是，你会批评上一个例子中的那个爱人，或是一个店主，因为喜爱某些顾客，愿意为了他们而让店门多开几个小时，然而对其他的客人却不会这样做吗？如果说这个店主（或爱人）的爱本身包含着顾客（或女朋友）之间一个相关的差异的话，那么我们就很难明白该原则怎样才能免于掉入完全放任自流或是完全在绕圈子这样的结果之中。如果随便哪一种古老的主观情感，例如对犹太人的厌恶，都可以制造出一种相关的差异的话，那么我们很难明白为什么任何一种带有歧视的对待方式最终都会遭到摈弃。然而，如果那些获准制造一种相关差异的主观情感只不过是那些我们在区别待人时可以"适当地"或"合理地"加以考虑的情感时，事情就开始绕圈子了。[24]

当然，有时候，出于道德上的要求，我们要根据人与人之间相关的差异性和相似性来决定如何对待他人。也许，当这种对待方式是由机构所决定时，我们总是这样做的——因为这些机构没有我之前例子里所说的个人情感，而个人情感总会触犯我们应该在相关差异的基础之上区别待人这一纯粹的要求。更有甚者，也许我们可以特别清楚地看到，当我们考虑的是机构时，那么决定相关差异的标准就会是，而且人们希望是：受机构决定的对待方式所适用的原则会带来实质性的结果，也许是平等主义的那种。尤其，有人已经提出既然机构都有明确的目的，所以人与人之间的差异是否与对待方式有关将视其是否与这些目的有关而定。[25]由于学校的目的不是让孩子为了参加选美比赛而做准备，所以长相上的差异就与孩子们在学校里应该受到怎样的对待无关。

当我们在考虑那些其目的已被界定得清楚明了并已得到公众认同的机构时，这个看法听上去就颇具吸引力。大家都认为医院的主要目的是治病救人；故而两个人之间的差异与他们在医院受到的对待是否相关就相当容易判断。胆结石就是相关的差异，是否是个名人则不相关。但是，在这方面来说，人们对于目的很少会达成一致意见，就像关于监狱的目的和学校的目的，大家的意见各不相同，因此这个看法就没多大作用，形式大于实质。大学的目的是否包含为"社会交往"提供一个中心，抑或是迎合产业的

22

需求？这些问题的答案各不相同,这势必使得人们在人与人之间的哪些差异与大学的招生有关这一点上意见不一。

在此,我们关键是要明白只有当我们认定教育的目的包括教育要反映或促进拉平式平等时,我们才能期望上文讨论的这个看法会带来平等主义的结果。比方说,在决定应该给孩子什么样的教育时,我们不会觉得聪明是一个不相关的特征,除非我们已经接受了学校不应该偏爱聪明的孩子这一观点。在大学招生时,我们不会觉得卑微的社会背景应该作为一个相关的特征纳入招生人员的考虑范围,除非我们已经接受了"社会交往"是大学的培养目的之一这一观点。如果事实如此的话,那么相关的差异指的是那些与机构的目的相联系的差异这一观点就不会带来平等主义的要求——或者说,只有当这些要求被写入所设想的目的时,才会有这样的结果出现。这样,我们就不会在这个看法当中找到平等主义的不可循环的基础。

平等主义者最喜欢向人们呼吁的潜在的原则是某种所谓的正义原则。"首先,它是事物本身的非正义感的结果。"Harold Laski 在回忆自己是如何接受平等主义的社会主义时这样写道。[26]

正义和平等两个概念之间有好几层的关系;但是至少其中那些正义要求人们必须遵守的平等并没有平等主义的特征,这是一目了然的。它们的基础不是平等主义;接受这些平等主义也不会让人成为任何一种平等主义者。例如,当一个规则被不恰当地运用,或根本没被运用时,一种不正义的形式就会出现。这个规则告诉我们,大奖应该颁给第一个到达终点的人,但实际上却颁给了跑在第三的当地富豪的儿子。规则的不当运用制造出一种不平等:所有跑步的人都必须跑第一才能获得大奖,富豪的儿子除外。但是,人们的批评针对的是对这个规则的藐视。人们批评的不是获奖的只有一个人,而是某个应该获奖的人却没有获奖。当一个政策明确描述出人们遭受的不公平待遇时,另一种形式的不正义就出现了;进而就会出现令无辜者受罚的整个体系的不正义。"只惩罚无辜者"的正义的原则可以像任何原则一样用平等的术语表达出来——"无辜者应有免罚的平等"。但是,当然了,这样一个原则毫无平等主义的特征可言。我们之所以反对惩罚某些人是因为他们是无辜的,而不是因为其他人——不管无辜与否——正在或不在受罚。(这并不是否认在一些特殊情况下,额外地、附带地抗议一下对一些无辜者的惩罚会与其他人正在经历的事情有关。例如,人们可能会反对选择替罪羊的方式,除了明确地反对使用替罪羊以外,人们也许还会坚持"把一个人当作替罪羊永远不要超过一次"。)

有时候,可以确定的是,正义确实要求我们搞清楚一些人正在获得什么,从而确定其他人正在获得的东西的正义性。这种事情发生在当正义本身不决定每个独立的个人应该获得什么的时候(就像正义确实决定每个无辜的人都应免罚那样)。正义不要求一个教授每年应该有 10 000 英镑而不是 9 000 英镑的收入——但是,它也许确实告诉我们如果一个教授得到了 10 000 英镑,那么另外一个具有同样的资历、同样的才华、同样的经验的教授也应该得到那么多。

在我看来,正义的原则几乎无法或是根本无法保证平等主义的要求。如果它们能够保证这样一个要求的话,那么这一定是一条需要论证的而不是假设的非显性的平等主义的要求。因为,把正义的要求等同于平等主义的要求是绝对错误的。一些人的所得比其他人多,一些人过得比其他人好,这些情况甚至都没有暗示里面存在不正义。确实,我们有时候会说些"他长得这么帅而他的兄弟却这么丑,这太不公平了吧"之类的话,但是我们说这些话时并没有当真(当然,除非这种长相上的差异是某种真正的不正义导致的,诸如未经允许就进行换脸之类的)。我觉得,我们只不过是想说"这太让人难过了",仅此而已。毋庸置疑,我们确实可能用同样不怎么严肃的语气去哀叹人和人之间的差异导致的"不正义",出于某种原因,我们觉得这是件不幸的、不受欢迎的事情。

为什么收入或其他东西的差异并没有暗示不正义呢? Robert Nozick 对其中的原因做了精彩的阐述。[27]一种分配方式是否正义必须要看这种分配方式是如何发生的。在谴责一种收入差异是不平等的差异之前,我们必须了解这种差异是如何发生的。假设许多开拓者在一片无主的、未开发的土地上都开垦出了一块同等价值的土地;假设他们中有两个人死了。在没有受到任何威胁、同时也不侵犯其他任何人对其土地的所有权的前提下,两人都把土地留给了另外一个开拓者。这个幸运的开拓者现在就会拥有三倍于其他开拓者的土地,但是这件事情没有丝毫的不正义。最初的财产占有没有丝毫的不正义;财产的遗赠没有丝毫的不正义。在我们可以抗议一个不正义的分配方式之前,我们必须能够回答 Nozick 的这个问题:一个不正义的行为到底是在什么时候发生的? 当然,这个幸运的开拓者,或其他任何一个拥有相当巨额财产的人,有可能把他的财产用作不正义的用途（Winstanley 和 Thomas 爵士指出的那些方式）——但那就是另外一回事了。

由此可见,抗议某种差异——就像平等主义者所做的那样,并不是抗议不正义。因为,由于其他人拥有 X 就要求一些人也要拥有 X,这件事本身完全没有体现人们是如何拥有或不拥有 X。迄今为止,对于平等主义者而言最好的也是最诚实的政策是,该政策让他能够站起来承认:通常情况下,他是在反对正义;该政策能够让他呼吁:在他看来,正义无论如何只不过是一个经常被践踏的价值。[28]但是,一种势不可挡的羞怯使得人们羞于作出这样的承认。（比较一下平等主义者为了表明他们容纳得下正义的价值所做的那些扭曲的论证,平等主义的原则在许多情况下与正义显然是不兼容的。实际上,平等主义者经历的扭曲还有很多;因为我们不清楚当平等主义者在为自己辩护时,除了正义,他还能引什么为证。至少,实用主义者可以用实用性为自己辩护。）

有一些平等主义者会毫不羞怯地拒绝承认他们所谴责的不平等却是正义所允许的。这些平等主义者认为,那些不平等虽然只是表面现象,但是它们都是过去许多不正义的政策和手续导致的后果。对于这些平等主义者而言,他们为自己做这些辩护也是义不容辞的。由于我会在第三章讨论一些这样的观点,在此我想用一个例子来说明这个问题就足矣。在美国特别受到平等主义者欢迎的当属各种各样的"平权法案"或"逆向歧视"政策。设计这些政策的目的是为了,例如,增加黑人在重要工作中和大学生中的比例。人们为这些政策做了许多辩护;但是其中最受欢迎的一个是这些政策必须革除黑人过去所遭受的不正义的待遇。这一条已经明确地写进许多法律和法院的判决书之中。于是,一条由联邦政府颁发的要求执行"平权法案"政策的命令就为这些政策辩护,说它们是对该法案所适用的那些雇主"过去进行的歧视性用工进行修正过程中的一个起点"。[29]我相信,这样的观点仅仅保证了拉平式的平等主义要求中极少的一部分——但是后来有更多得到了实现。

我对正义和平等主义要求之间的逻辑关系的否定冒犯了最近在这些事情上最具影响力的作者——John Rawls 的观点,至少冒犯了他所说的一些话。一条强烈的平等主义线索贯穿《一个正义的理论》[30]一书,表面上,这条线索让平等主义成为那个理论不可或缺的一部分。坦白地说,对于这个冒犯我并不感到尴尬,因为 Rawls 是一个名不副实的平等主义者。不管他著名的"差异原则"是个什么性质的原则,它都不是一个正义的原则。它的原定目的是呼应或"阐述"我们对于待遇上的正义与不正义的本能反应，然而结果是它与该目的连一点点边都没沾上。原因就是之前说过的那一个：他的原则毫不关注一个分配方式是如何实现的。将一个人诚实、正当地赚来的钱没收充公当然是不正义的；但是 Rawls 的原则却能轻而易举地保证这样一种没收的实现。

　　根据"差异原则"（我下文会谈到它的一个附带条件），"我们对社会和经济不平等的安排应该……让最弱势的群体获得最大的利益"。[31]也就是说，收入、地位等的差异是不正义的，除非我们减少或消灭这些差异的努力会使得穷人更穷。Rawls 认为，在公平选择的情况下，人们会依照某个理性的策略采纳这样一个原则。粗略地说，如果做选择的人当中无人可以说出他要选择的分配原则对他作为一个个体会产生怎样的影响，那么这个做选择的环境就是公平的。接着，Rawls 把他的选择者们放在一个"无知的面纱"后面，这层面纱阻挡他们以及其他人了解他们自己的优点、缺点和不足之处。如果人们拥有这样的知识，那么他们对于支配商品分配的原则所做的选择就会受其影响。例如，身体强壮者会选择一个对肌肉发达者有利的分配体制。这些无知的人应该会遵循的那个合理的策略就是所谓的"最大最小"策略。根据这个策略，在一些充满不确定性的情况下，我们的合理策略就是选择那种我们碰到的可能的最坏运气也会比在其他任何体制中碰到的运气都要好的体制。"我们要选择那种其最坏的结果都要比其他体制中的最坏结果强的体制。"[32]于是，一个追随 Rawls 的无知的人看起来会根据"最大最小"策略而选择分配的"差异原则"；因为他知道，在一个受"最大最小"策略支配的社会中，就算是最穷的人也会比其他社会中最穷的人过得好。

　　在下一章，我会回过头来讨论这些支持"差异原则"的考虑。我觉得，即便这样一个原则不是一个正义的原则——在此重申一下，它也值得我们考虑，这一点非常明了。人们可能相信 Rawls 的观点，认为一个社会应该由"差异原则"来支配。此时此刻，我想讨论何种程度的"差异原则"会是平等主义的原则。它可以充当生成平等主义的拉平式要求的潜在的原则吗？

　　当然，以"差异原则"为基础的要求符合我提出的成为平等主义要求的必要条件。某些人是否应该拥有更大份额的"主要的社会商品"基本上取决于其他人的份额有多大。在不会负面影响最贫穷人士的所得的前提下，如果不平等的现象有所减少，那么他们的份额就应当增加。[33]不仅如此，考虑到一些人尽皆知的实证的例子，我们非常清楚地看到运用 Rawls 的原则带来的结果是它实际上制造出了各种商品分配上更大的平等,比如收入。因为我们几乎无法证明如果不让最贫穷的人更穷的话,就不可能减少目前的收入差距——然而这是一个值得考虑的观点,其中存在着一个临界点,如果超过这个临界点,减少差异的进一步努力就会产生这样一个结果。

不过,Rawls 原则中的平等主义气息在许多方面得到缓和。首先,再明显不过,肯定存在这样一个临界点,超过这个临界点,进一步的平等化举措就会给穷人造成负面的影响。所以,人们不会指望该原则去保证收入等的完全平等。而且,当不平等现象依然非常严重时——当然是比那些激进的平等主义者所能忍受的情况还要严重,这个临界点就可能出现。其次,Rawls 认为他的原则只有在一个相对富足的社会中才会发生作用。在一个极度贫穷的社会中,对于老百姓而言,理性的做法是:如果需要的话,放弃公平的分配,优先推动物质进步。与其公平地分配目前那点少得可怜的蛋糕屑,不如集中力量做个大一点的蛋糕,之后也许可以将它进行公平的分配。最后,只有当社会已经实现机会平等时,"差异原则"才会起作用(无论如何,在某些情况下)。也就是说,该原则可能许可的不平等现象(为了穷人的缘故)必须满足进一步的条件,即人们获得富人地位的机会是平等的。想象过去,我觉得许多平等主义者在此会提出抗议。他们会倾向于将保证人们获得平等机会的努力推迟,直到在那些地位之间建立更大的平等为止。

虽然关于"差异原则"的平等主义程度的第二个和第三个警告在理论上使得 Rawls 有别于许多平等主义者,但是尚不清楚在我们这个正在讨论中的社会,它们在实践中是否会带来太大的不同。毕竟,我们的社会是一个相对富足的社会;所以,根据 Rawls 的描述,我们没有理由把分配的问题推迟到实现更大的物质进步的时候再来讨论。看上去,我们也不能以减少不平等会摧毁现有的出人头地的平等机会为由来为目前的不平等现象辩护。

第一个警告,即 Rawls 的原则为了穷人而允许在"主要的社会商品"上存在严重的不平等这一从理论上说肯定成立、在实践中不一定成立的事实,它有什么影响呢?我曾经以为没有人会执着于拉平式的平等,甚至把它推进到一个给穷人带来负面效果的地步。再怎么说,这样的力度与人们所希望的平等主义的原始成分——同情感几乎是不兼容的。也许,我这个猜测太草率了;看起来确实有人,尤其是教育者,愿意将他们的要求推进到这个地步。Tony Flew 比"看起来"更进一步,他告诉我说他实际上已经看到许多人把他们的要求推进到了这个地步。当然,《每日电讯报》(1979 年 1 月 19 日)报道过一个引人注目的卡车司机 Astbury 先生的例子,以此表示对全民拥有不挨饿的平等的赞同:"如果卡车司机吃不饱饭,其他人凭什么可以吃饱?"但是,我乐观地相信,除了疯狂的平等主义者,所有人都会认为(由拉平式的平等导致的)加诸穷人身上的负面影响基本上都被带给他们的也许是相当隐蔽的利益所抵消,无论这个想法是多么的错误。例如,想一想在平等主义社会不会有嫉妒这个建议——这个好处也许会弥补在其他商品上的缩减。这也许是个愚蠢的建议;但是人们可能觉得做到这一点或类似的事情是一些人义不容辞的任务,免得出现有人心甘情愿地接受穷人地位的纯粹恶化这种现象。

不管他们是否认为穷人有隐藏的利益,都肯定有平等主义者会将收入、权利等事物的平等推进到 Rawls 的原则所允许的那个地步。所以,他们一定是在利用一条比Rawls 的原则更有力的原则。我认为,任何此类的原则最突出的表现是它不仅包含Rawls 的原则,还包含某个(些)更进一步的条件,二者共同作用,对不平等可以达到的程度设置一个限制。此类原则可以是以下这些:(a)它们让穷人受益;(b)带给最穷的人的利益大于制造这些利益所需的不平等的数量。[34]显然,这比"差异原则"更为有力。想一想这样两种体制,A 和 B:在 A 中,最富有的人获得 100,最贫穷的人获得 50;而在B 中,最富有的人获得 70,最贫穷的人获得 40。Rawls 肯定是选 A,因为这里面最贫穷的人比 B 里最贫穷的人富有。而坚持(b)的更坚定的平等主义者肯定选择 B——因为A 体制中最贫穷的人获得的利益(10)小于制造它所需的不平等的数量[(100 − 70)−(50 − 40) = 20]。

我的策略会是这样的:在接下来的两章,当我提起"平等主义"时,一般来说我脑子里会想着 Rawls 的"差异原则"。然而有时,我们会很清楚地看到我们正在讨论的是某种更为强大的东西;遇到这种情况时,我会及时指出那个额外力量的本质。有许许多多的原因让我把 Rawls 的原则放在可以说是平等主义势力范围的中心。第一,这个原则既好又简单。第二,在它短暂的生涯中,它一直是极具影响力的。第三,正如我已指出的,它是其他更强大的平等主义原则的基本成分。那些原则总是可以通过在Rawls 的原则当中加入一些进一步的条件来加以体现。第四,拒绝让 Rawls 的原则来

指导分配(尤其当被分配的东西是关乎我们的教育时)是我的目的。因此,我这么做就
是为了拒绝任何更强大的原则,因为这些原则每一条都包含 Rawls 的条件这个必要的
成分。如果你们喜欢的话,我会这样说:"也许你们平等主义者脑子里有一些比 Rawls
更强大的东西;但是因为他脑子里的东西已经太强大了,所以你们的要求肯定也太强
大了。"

在这个部分,我在探寻一条潜在的原则,它既能满足我提出的成为平等主义的必
要条件,又有可能合理地制造出那些具有我们称之为"平等主义"特征的拉平式要求。
许多原则要么只具备其中一个特征,要么两个特征都不具备。最可能的一条候选原则
在某种程度上说是 Rawls 的"差异原则"的加强版——不过,由于我在上一段提到的那
些原因,人们考虑的往往就是"差异原则"本身。"差异原则"不是一个正义的原则——
但是这么说并不是拒绝考虑它,因为假设一下正义有时候会被践踏,很显然这并不荒
谬,也不矛盾。但是,为什么这条原则会得到包括 Rawls 在内的许多人的青睐,我对这
一点还没有做太多的解释;人们会如何期望它在教育领域里施展拳脚,我还只字未提。
现在,我们回过头来讨论这些问题。

第二章
教育的公平

1. "Scholesia"——一个模式

有人看了我的图书馆后说："你的藏书量超过了平均值，太多了，因为它并不会让那些没几本书的人受益。"为什么这个人在滥用"差异原则"？Rawls 的回答会是：该原则只支配主要商品的分配——"权利、自由、机会、权力、收入和财富"。书籍不是主要商品，而是我用来往里放主要商品的东西——我的钱或我的阅读自由。但是这个例子表明，我们必须留意 Rawls 的原则关于教育的分配有哪些意指。有些作者对此没有留意。Coleman 推测，Rawls 的原则要求"抹去所有的'出生偶然性'……这就有必要让孩子脱离家庭的所有影响……把他培养成一个受政府监护的人，和其他所有的孩子一样严格地服从一模一样的管束"。[1]Coleman 可能没有注意到 Rawls 的第一个原则，该原则坚持各种各样的基本的自由和权利，这些自由和权利显然会被柏拉图式的原则所破坏（这不是说我们在阅读 Rawls 的东西时，会轻而易举地知道表面上受"差异原则"所要求的东西何时会被人以"基本自由"的原则为基础而进行反对）。

Rawls 本人给了我们一些帮助，但不是全部的帮助，帮助我们找到对教育的意指。他说，我们必须"分配好教育的资源……从而改善境况最差的群体的长期的期望。如果我们通过对境况较好的群体给予更多的关注来实现这个目的的话，这是允许的；反之则不行"。[2]同时，他补充道，教育的价值不应该"只根据经济的效率和社会福利"来评估，因为它包括那些"让人们能够喜欢并享受自己社会的文化并参与其中的事务"[3]的东西。这些东西本身并非主要商品，但却是一个重要的主要商品（Rawls 最初的清单上没有列出它们）的前提，是"一个人对于自我价值的安全感"。[4]

"境况最差的群体"指的是那些对社会有着最低期望的群体。这不仅包括对经济商品的期望，还包括享受文化并参与（能让人获得"价值感"的）社会事务的期望。只有当教育资源分配上的不平等政策最大限度地提高了这些境况最差的群体的期望时，这些政策才能够被证明是合理的。

显然，Rawls 对"差异原则"的这种使用对于本章的目的而言太广泛了。对他而言，对一个教育体系所做的相关的批评是这个体系里的一些学校不合理地促进了它们学生的经济前景；然而，我想推迟考虑的正是这种批评。记住，本章的目的是考虑真正的教育不平等——在最大限度地摆脱社会-经济不平等这种可能的相关因素的情况下进行教育商品的分配。不过,想来 Rawls 对真正的教育不平等也感兴趣,因为人们都假定教育商品(知识等等)与享受文化、参与社会事务以及之后的"个人价值感"有关。(如果学校最终变得自我变态、遁世庸俗的话,那将会是对教育真正的批评。)

但是,从另一方面看,Rawls 对"差异原则"的使用太狭隘了。Rawls 谈论到教育资源的分配,但是我们所关注的事情超过了分配这件事,除非这个词被赋予了特别广阔的含义。例如,教学质量不是一种资源——但是它会发生变化,我们在本章可以好好地对这种变化的合理性做一番探讨。

如果我们想了解"差异原则"对于真正的教育不平等有什么暗示的话,那么请给我们自己提供一个简化的模式,这会大有帮助。如果你愿意的话,请跟我去一个名叫"Scholesia"的小国。这个国家是 Rawls 主义者的天堂,教育体系可能除外。每个公民的基本自由受到最大程度的保障;收入、地位、政治权力等等根据"差异原则"进行分配。如果一些人拥有的这些东西比另一些人多,那总是为了要给最贫困的人一些利益。教育体系与更广阔的社会-经济环境高度脱离;或者,教育是这个天堂里的一条蛇。无论如何,我们所熟悉的教育与社会-经济之间的关联在 Scholesia 里是缺乏的。首先,上 Scholesia 的某一所学校而不是另一所学校与将来的收入和地位之间没有重要的关联。上某所特殊的学校与父母的社会-经济地位之间也没有重要的关联。顺理成章地说,教育因素与更广阔的社会因素之间有一些重要的关联。上某一所学校而不是另一所学校与将来的工作或职业有着重要的关联。这不是因为学校是职业学校;而是因为,鉴于学校之间的差异,学校会根据相当不同的工作类别而给他们的学生武装不同的知识。其次,一个孩子所具备的与教育有关的能力与其父母和家庭环境之间有着重要的关联。更聪明的孩子通常有更聪明的父母——但是,重申一下我在前面一段暗示过的意思,更聪明的父母没有成为更富有、更有权力的父母的倾向。最后,教育——或教育"商品"——是受到社会重视的。Scholesia 人都同意受到良好的教育比缺乏教育好。这个看上去可能很难和教育与地位之间没有重要的关联这个事实达成一致,但是它对于 Scholesia 人而言不会是个问题,因为他们将给一个人带来某种社会地位的特征和那些因为自身的原因而得到社会重视的特征区别得很清楚,这一点对于我们的很多社会学家而言是很陌生的。例如,长得漂亮会受人称赞,但是它不会带来什么特权;然而,一枚由 Scholesia 的皇帝颁发给他密友的荣誉奖章却可以帮你打开许多本是关闭着的大门,可以让你拥有排山倒海般的尊重,可以增加你在 Scholesia 产业中获取利益的机会。

只有安道尔共和国那么大的 Scholesia 有着非常简单的学校体系。全国只有两所学校：北校和南校。孩子们 10 岁时进入其中一所学习,在此之前由他们的父母负责教育。可以离开学校的最小年龄是 16 岁,但是符合条件的北校人(例如,北校的学生)可以一直在学校待到 21 岁。学校教育的费用由公共基金支付——但是那些在学校一直待到超过 16 岁的北校学生之后会偿还他们教育中那笔额外的开支(或是一般认为不会回报到公共利益的那部分开支)。

以下这些关于该体系的事实至关重要：

1. 北校人接受的教育比南校人好。

2. 如果南校人去北方,那么他最终会有更高的受教育程度;同理,如果北校人去南方,那么他最终的受教育程度就会降低。

3. 如果南校人去北方,他最终的受教育程度不会和地道的北校人一样高;同理,任何一个北校人,如果他去南方,他最终的受教育程度会比南校人高。

4. Scholesia 的经济是不变的,所以教育资源不会增长,只有重新分配。

到目前为止,根据这些描述得出的两个重要推论是：

5. 当孩子们入学时,他们与教育相关的能力会有所不同(包括获得进一步能力的能力,人称“潜力”)。这是因为他们在家接受了父母的教育,而有的父母比其他父母的受教育程度高。(顺便说一下,一般来说,Scholesia 人既不清楚,也不关心 10 岁孩子能力上的差异是完全由于父母的教育所导致的还是部分由于基因遗传的缘故。)

6. 把儿童分到两所学校是完全理性的——从这个意义上说,所有那些最有能力从更优质的北校教育中受益的孩子实际上都去了北校。这一点在第三点中已经有所暗示。(对于我们目前所讨论的目的而言,分配孩子的决定经历了怎样的过程并不重要——无论它是一个绝对可靠的 10＋考试、大脑扫描、神秘符号测字,还是其他的什么。)

当我们说北校比南校好时,我们的意思并不仅仅是北校的毕业生比南校的毕业生受过更好的教育这么简单;因为北校的生源毕竟能力更强。据推测,即使一所学校由

33

于其生源质量不好的缘故使得它的毕业生不如另一所学校的毕业生优秀,它也完全有可能比那一所学校好。故而,我们可以这样认为:北校的优势包括它使得它的学生在受教育的过程中比在南校得到了更好的"转变"。也就是说,10岁孩子受教育情况上的差异被他们之后所上的学校进一步拉大了。

当然,这是一个衡量北校优势的纯理论的标准。那么,判断一些孩子是否比另一些孩子通过教育得到了更大的转变的真实标准是什么呢?对此 Scholesia 人意见上有些分歧,虽然分歧不是太大。但是,北校具备哪些特征使得自己成为更好的学校,在教育上帮助学生发生了更大的改变,关于这一点,Scholesia 人的意见实际上是没有分歧的。北校的优势包括:高师生比;高素质的教师;有利的气候和地理条件;大额的预算;设备精良的图书馆、实验室、音乐教室等等。以下这些情况也不容忽视:每个北校学生周围都有一群受教育能力高于南校学生的同学。假期在家时,家里的环境能够帮助他巩固在学校所学的知识。这样的优势,除非是被故意误用,否则一定会顺理成章地让北校成为更有优势的学校,无论这个"优势"的内涵是什么。

虽然,对于什么是教育上的改变,人们的意见并不绝对一致,但是绝大多数的Scholesia 人都认为以下这些特征中的一些或全部体现了一个受过良好教育的人的特征:能够承担自己所选择的各种各样的工作;具有参与并批判性地评估 Scholesia 文化及其他文化的能力;拥有相当广泛的知识和信息——包括历史、科学和数学;想象力;创造力;能够欣赏人类的伟大成就;高度的道德感。可以确定,关于每一件教育商品都包含什么内容,人们并没有达成完全的一致,例如,从审美的角度来讲,何种程度的创意是必须的,人们对此意见不一。不同的商品所占的比重如何,人们也没有达成完全的一致。但是,人们一致同意北校比南校让学生变得更多才多艺,更有文化,更有知识,更有想象力、创造力和欣赏力,更有道德感。[5]

北校/南校体系并不缺 Scholesia 的平等主义的批评家。那儿的不平等显然是:10岁的孩子有着天赋和潜力上的不平等;北校学生受到了更好的教育;由于以上两个因素,北校的校友得到了更好的教育。批评家批评的观点和力度不一,观点最不极端的批评家把这个体系放到"差异原则"当中去检验,结果是没有哪个因素变得更强。但是,由于所关注的是该体系中不平等的不同方面,所以即使在这些批评家当中也存在意见上的分歧。他们中的一些人用的是以下这个"差异原则"的教育版:

(A) 只有当南校学生可以在任何一个其他的体系中得到他们在自己的体系中所得到的那种教育改造的情况下，北校和南校所导致的教育改变上的不平等才解释得通。

民众大多都认为该体系不满足这条原则。例如，资源可以从北校转移到南校，同时不会对南校的教育质量造成负面的影响。使用"差异原则"的其他一些批评家得出了以下这个虽然含蓄但却有着重大差异的教育版：

(B) 只有当南校学生从出生开始在自己的教育体系中接受的改变跟他们在其他教育体系中可能接受的改变一模一样时，北校和南校之间的不平等才解释得通，无论这种改变是来自学校教育还是其他的影响都没有关系。

我们必须牢记的重要一点是将北校和南校的教育质量同等化不足以制造出同等教育程度的人，正是由于这一点，(B) 就比 (A) 更站得住脚。原因来自北校人上学前和接受学校教育过程中所拥有的内部优势。为了实现教育改变上的平等，南校的质量必须比北校好，这样才能够"补偿"它的内部劣势。(A) 的支持者抱怨得最多的是北校比南校更受照顾；(B) 的支持者抱怨得比较多的是南校不比北校得到的照顾多。

有两种方法可以说服 (B) 的支持者不去要求任何比 (A) 的支持者更强大的东西。第一，假设在北校和南校实现平等之前有这么一个点。超过了这个点，如果采取进一步的平等化措施，那对南校学生就会产生负面的影响。这是完全可以想象的。例如，降低北校的教育标准可能会导致（北校的）教师质量下降——同时，南校也会遭遇不好的结果。无论如何，如果有这样一个点的话，(B) 的支持者会比 (A) 的支持者更愿意超越它。第二，假设人们找到方法来确保在孩子们上学前和接受学校教育的过程中，无人会比其他人享有更大的内部优势（也许是让政府成为所有孩子的监护人）。在这种情况下，就不会有人为了"补偿"北校人所享有的优势而超越北校和南校之间的平等。

我们从第一章得知，有些平等主义原则比"差异原则"更为强大（参阅 p. 28*）——可以肯定的是，我们发现一些 Scholesia 的平等主义者在使用这些原则的教育版。例如，有一个 (A')，它与 (A) 相似，但有一个额外的要求，即北校和南校之间的任何一种不平等要小于这种不平等带给南校的额外福利。

35

———————————

* 本书叙述中，涉及页码的地方，均指原版书页码，请参见本书边码。——编辑注

Scholesia 里的争论集中在（A）原则。人们对（B）不是特别在意，因为人们根据情理推断，全面"补偿"南校学生的内部劣势而做的事情会与 Scholesia 人所享受的基本自由产生冲突。毕竟，这些劣势不是一种金融劣势，不能像金融劣势那样通过相当简单的财政政策就可以将其消除。但是，讨论一直集中在（A）的主要理由是，北校/南校体系的支持者，也就是平等主义的批评者们，意识到如果这个原则太过强大的话，其他的原则也一样太过强大。如果他们发现自己无力抵抗（A），那么他们将面临着不得不与更强原则的提倡者进行争论的威胁。但那是一个大大的"如果"。

更准确地说，争论一直围绕着一个问题进行，即是否应该取消北校/南校，取而代之，就建一所学校——"中心校"。中心校的教育质量对所有的孩子而言可能不是一模一样的。如果它对一些人（前南校人）的教育有益的话，另一些人（前北校人）可能就享有优势。不过，这种差异肯定比北校与南校之间的原来的差异小，因为，我们都知道，北校享有的一些优势对于南校毫不见效。

Scholesia 的平等主义者倾向于建一所单一的"中心校"，不主张建两所教育质量一样好（或一样差）的新学校——东校和西校——来代替北校和南校，他们的理由是很实际的，比方说，规模经济。但是，以上两个新体系到底要选哪一个，这个问题不如到底要不要有所行动这个问题来得紧急——也就是说，目前的北校/南校体系是不是有问题，这个问题已经火烧眉毛了。

借助模式来思考的好处是简单、精确、有条理。当我们面对有着无数模糊且无序的事实的复杂体系时，我们从一些泛泛的问题开始入手。目前的想法是忽略其中的许多事实，从它们当中抽身而出，用对已经成形的更简单的体系的追问去替代最初的问题。这样，不仅困难会越来越少，新的问题也会具有最初的那些问题所没有的精确度。把这样一个熟悉的模式看作古典经济学家具有高度竞争力的经济，人们从中已经抽取出这样明显的事实，即一些生产者有控制价格的能力。这个模式不仅比真实的经济更加简单，还让我们能够用一个精确的问题"什么时候边际成本会与边际收入相等"去替代一个像"什么时候我们的商业应停止扩张"这种模糊的问题。伴随着这种简单和精确的是我们给出的答案可能会与真实的世界无关这一危险。但是，如果这个模型构建得很完善，那么它应该会展示出第三个优点：它会给我们提供一个有条理的方法去再次引入真实的因素，由此用一种有序的方法去检验这些因素对于我们之前所给的关于那个简单模型的问题的答案的影响。这样,古典经济学家就能够一步步地观察引入求大于供的市场情况、消费者组织、自然灾害等真实因素对于"使得边际成本与边际收入相等"这一原则会产生什么影响。据推测,有证据表明,如果不与这样一个模式相结合,就无法锻造并改善实证经济学的工具。

我的 Scholesia 模式提供的主要的简单化模式是将教育事件从更广泛的社会-经济事件中抽象化出来。我们能够在没有社会-经济因素的大规模干预下面对教育分配的问题。之前,那些本该是关于教育的讨论往往被社会-经济因素所主导。不仅如此,我们的问题还会有一个新的精确度。我们不会问"教育的平等应该到达什么样的程度"这样的问题,取而代之,我们的问题会是:"我们应该废除北校/南校体系而选择中心校(或东校/西校)吗?"可以确定,一旦我们将各种各样的真实因素引回到这个模式,我们对那个问题所做的回答就会发生变化。但是,我希望这个模式能真正地指引我们看到这些因素以及它们可能的关联。就算真的有的话,一个否定的回答会如何受到以下这个事实的影响:在现实社会中,进入某些学校确实会带来将来的经济优势吗? 就算真的有的话,进入某些学校和父母的收入之间确有联系这个事实又会如何影响那个否定的回答? 凡此种种。

北校/南校体系是否应该废除? 这个问题的否定答案可否看成是对"撇开社会-经济因素,教育不公平是否不合理"这一问题的一个长期有效的答案——也是一个否定的答案呢? 不完全可以——因为我的模型来源还不止这些因素。特别值得一提的是,我们应该在某个时候放弃有人可以绝对精确地预言一个孩子与教育相关的能力这一神话(就像我在第三章中所做的那样)。不过,这件事以及引入各种各样的社会-经济因素是遥远的将来才要做的事情。目前我们关心的是,在以上所描述的情形下,北校/南校体系的教育不平等是不是不可忍受的。

2. 平等主义的案例

我想当然地认为,人们明摆着会选择那个最接近最理想的教育标准的教育体系。目前,我还认为在以上提及的 Scholesia 的若干个体系中,北校/南校是最接近这个标准的体系。我的第二个推测会受到挑战,这一点我会在下一个部分讨论。在这个部分,我将讨论与偏爱北校/南校的假想相对抗的案例。就那个假想而言,它的拥护者所面临的主要任务是对平等主义者们提出的反对它的理由进行反击。

更准确地说,我想考虑并否决 Scholesia 的平等主义者们用来支持(A)原则的理由——根据这些理由,北校/南校的不平等是没有道理可言的,因为一个更平等的分配计划可以让南校学生得到更多的利益。(在此回顾一下我的策略:如果这个原则的力度太过强大,那么任何一条用于教育的更加严格的平等主义原则理所当然地都会太过强大。)

38　　"支持(A)原则的理由",我这样说是相当仁慈的——因为在 Scholesia 或其他地方都很难找到会引用什么理由的平等主义者。我们更常看到的是他们在说到北校/南校体系时经常会说接受这种描述实际上就等同于谴责该体系之类的话。拥护者的任务绝大部分是向人们说明这些描述是没有根据的——充其量只不过是循环论证。以下是一个 Scholesia 的平等主义者所写的关于北校/南校体系的简短而典型的描述:

> 这是一个精英体系。在这个体系中,一些人仅靠着自己的运气,以损害别人的利益为代价而获取利益。所以,这不是一个理性的人们在公平选择的前提下应该选择的体系。

短短的一段话看起来包含四个意思,每一个都是对北校/南校体系的批评;合在一起,它们构成了一个坚定的反对该体系的辩护。它们意图充当一个答案,来回答为什么没有让受教育最少的人尽可能受益的教育不平等是让人无法忍受的。这些答案是:

(i) 一些利益是以损害其他人的利益为代价的。

(ii) 他们并不是借助任何像美德这样的东西而获得利益,而是纯粹因为好运气。

(iii) 这是个精英体系。

(iv) 这不是一个在公平选择的前提下人们能够理性地做出选择的体系。

我现在部分想说的是这些答案的每一点都先入为主地预设了某件事情,所以它们不能被作为一个理由来解释平等主义者的结论。让我们来逐一看一下这些答案。

(i) 我们知道,在 Scholesia,一些人受到的更好的教育不会增加受到最差教育的人的最大利益。但是，把这种情况用如此直截了当的方式表达出来也让我们很难明白这里面有什么是可以让人批评的。归根结底，一些人所拥有的极好的健康状况不会给病得最重的人带来巨大的医疗利益。也就是说，在没有让生病的人病得更重的前提下，你也可能使得最健康的人受重伤或生病。如果我们要批评一种没有让最弱势群体受益的不平等，那么以下这个条件毫无疑问地必须成立：如果境况较好的人过得差一点，境况差的人就能过得好一点。如果这个因果条件不成立，那么就不可能理解让境况好的人过得差一点这一做法的依据。

请注意，就立场而言，Rawls 的"差异原则"及其（A）教育版都不支持这个条件——因为它们是在不考虑过得最好的人和过得最差的人各自境况之间的因果关系的情况下对不平等进行谴责的。但是，让我们善意地假设某个推动了这些原则的人暗暗地预设了这样一个关联。我也注意到（见 p. 27）有一些态度强硬的平等主义者表面上愿意看到境况较差的人过得更差，如果因此能推动平等的话；故而，他们表面上并不关心境况最差的人的困境在某种意义上是不是由他人的优势所导致的。但是，再一次的，我善意地（Flew 认为这是错位的善意）假设，经检查，这样的平等主义者常常会要求各种各样隐藏的利益（例如，减少嫉妒），而这样的利益往往可以通过平等化的举措带给境况最差的人。所以，让我们继续坚持：理性地使用"差异原则"（以及（A））会在境况最好的和最差的人之间预设一种因果关系。

但是这就够了吗？如果一些人做得不好一点，那么其他人就会做得好一点，这个事实就足以用来反对前者的优势吗？假设你比我跑得慢，但是比其他人跑得快；所以，如果我没有去参加比赛，你就会赢。因此，我参加比赛就是你没能赢得金牌的原因；但是这没有什么可以批评的。别忘了，如果你抱怨我以你为代价赢得了比赛，或是我没有对你的失败负责，或是你没有赢是我的错，那会是多么不得体的事情。当然，打个比方，如果我在最后一个弯道踢了你的脚踝，或是前一天晚上将一个让人无法抗拒的金发美女送到你的房间，或是教练偏心我，所以命令你在第一圈跑得飞快以至筋疲力尽，那么你的那些抱怨也许是可以成立的。但是在正常的我跑得比你快的情境中，我的参赛和你的失败之间的因果关系是不能够引发这样的抱怨的。

所以，我们的 Scholesia 的平等主义者相当正确地坚持，要让（A）原则适用，北校/南校体系就必须让一些人以损害他人为代价而获取利益，一些人的优势要为另一些人

39

的劣势负责。(通过坚持这种条件,平等主义者获得了一些东西——名义上是不平等和不正义之间的一种原本不存在的关联。我在早一些时候指出不平等甚至都不能作为不正义的初步证据,因为一种分配方案的正义与否必须要看它是怎么产生的。现在,如果能够表明未经"差异原则"授权的不平等是由于有些人以损失其他人的利益为代价做某事而造成的话,那么它显然也是一个不正义的例子。如果我在最后一个弯道使坏,那么我获得金牌显然就是不正义的。)

40　　　但是,北校/南校体系是不是一个一些人以损害另一些人的利益为代价而获利的体系呢? 在赛跑的例子中,我可能通过对你使坏或是与教练同谋而获得胜利,也可能因为本来就比你跑得快而获得胜利。导致前者成为一个"以你的利益为代价而成功"的案例而后者不会成为这种案例的原因是,我在前者做了应受谴责的、不公平的错事。一般来说,只有当以下(a)和(b)两种条件同时具备时,我们才能说 X 以 Y 的利益为代价获利:(a)X 没有发挥正常水平,Y 本可以表现得更好;(b)X 发挥了正常水平,与此同时,还做了应受谴责的不公平的事情等等。同样地,只有当 X 做了错事(或是很可恶地粗心大意),[6]从而(在因果关系上)造成了 Y 的困境时,X 才要(在道德上)为 Y 的困境负责。所以,只有当境况较好的人的地位和境况较差的人的地位之间存在一种因果关系,而且北校人是通过不公平的、应受谴责的、错误的途径而享有优势时,我们才可以说北校/南校体系是一个让一些人以损害另一些人的利益为代价而获利的体系。好吧,我们知道第一个条件可以满足——如果让北校人过得差一些就可以让南校人过得好一些。但是第二个条件能满足吗?

　　　只有当平等主义者(或其他什么人)对北校/南校的谴责能够成立时,这个条件才能满足。但是这个帮不了平等主义者什么忙。他要用一些人以损害另一些人的利益为代价而获利这个(假设的)事实作为理由来谴责这个体系。但是,这是不可能做到的;因为只有当这种谴责在其他领域也成立时,我们才能说这是一个让一些人以损害另一些人的利益为代价而获利的体系。如果在北校/南校体系中有人以损害另一些人的利益为代价而获利,那么就让我们真真正正地同意这是个不公正的体系。但是平等主义者无法向我们确认这是一个会发生这种事情的体系,从而让我们相信这是一个不公正的体系。相反,它必须向我们列举出理由,一方面说明该体系是不公正的;另一方面还要证明一些人以损害另一些人的利益为代价而获利。然后,我们必须接着讨论我们的 Scholesia 的平等主义者军械库里的其他反对意见。

（ii）假设将来的北校学生见到将来的南校学生时，当头就给了南校学生一拳，导致南校学生大脑受伤，南校学生就此失去了通过北校入学考试的机会。在这种情况下，北校的校友们就会从南校学生的失利中获利，因为他们所做的事与我踢你的脚踝而获得比赛的胜利类似。但是，当然，那种事在 Scholesia 并不会真正发生。

不过，也许一些人不必做应受谴责的事情从而以他人的利益为代价而获利。有些人可能会说，这些人有何德何能值得拥有那些优势。假设在正常情况下跑得较慢的我赢得了比赛，因为在比赛前一天，我在不知情的情况下吃了一个含有强力兴奋剂的冰淇淋，使我跑得像阿喀琉斯那样快。我没有做错什么事，但是也许你的失败是不公平的。我没做任何我应该做的事情；但是已经发生的事情本不应该发生。在理想的世界中，那样的事情不会发生。

当奖赏和利益归属于值得获得它们的人时，事情就按着正常的轨道发展。一些人认为，正义要求那些不值得拥有 X 的人就不应该获得 X。（注意，这个要求并不是遵循一个明显正义的原则——也就是说，那些值得拥有 X 的人应该获得 X。另外，它只是遵循以下这个原则：如果有人值得拥有 X，那么他应该获得 X。如果真的有这样一个人的话，他就应该获得 X，而其他任何一个不值得拥有 X 的人都不可以获得。）

看上去我们的平等主义批评家在批评 Scholesia 体系时可能无法利用上这一点，因为，难道北校学生不值得去北校吗？说到底，他们才是有能力从北校获得最大的教育利益的人。但是，这个批评家确实努力地想把它用上——例如以下这一段：

> 确实，10 岁的时候，未来的北校学生显示出比未来的南校学生更大的天资与能力。所以，我们勉强可以说他们值得去上北校。在这个极为微弱的意义上，如果一个体系的规则要求一个人如果想要获得 B 就必须具备某些特征，而 A 拥有那些特征，那么 A 就值得拥有 B。但是从更为真实和深刻的意义上来说，他们并不比未来的南校学生更值得上北校。毕竟，他们是有着受过更好教育的父母的孩子；所以，无论是出于环境的原因，还是环境加上基因的原因，他们都享有最初的优势。他们拥有可以让他们进北校的特征——这并不是他们应得的东西。拥有那样的父母——这份运气是唯一的原因。确实，这些孩子在入学前学习更努力，

41

读的书更多,更好地发挥了自己的能力,等等。但是,像勤劳、好奇心这样的特征之所以属于他们,仅仅是环境因素或者环境加上基因的结果。无论是这两者中的哪一个,这些孩子都不值得拥有这些特征。因此,他们也不值得拥有这些特征所赋予的优势。既然上北校只不过会把这些优势复杂化,而这个完全不值得拥有,所以北校及其所属的体系都应该被废除。

我们的平等主义者毫无疑问读过 Rawls 的著作,Rawls 这样说道:

> 没有人配得上他在先天禀赋分配中的位置……(或是)在社会上原初的出发点……他的性格绝大部分取决于他的家庭和社会环境,对此,他没有任何功劳可言。应得的赏罚这一概念看来并不适用于这些事例。[7]

Rawls 也肯定一种微弱意义上的赏罚——如果一个人做了那些一个体系宣布会奖励的事情,那么他就值得拥有这些奖励。这里有一个重要的暗示:应得的赏罚总是预设一种分配体系的存在,不能为了支持那个体系而去迎合这些赏罚。当然了,一个人在一个体系内值得拥有某些奖励这个事实无法说明那个给予他奖励的体系就是合理的。一个人"不能说他值得拥有这些奖励,因此就有权拥有一个可以让他获得一些利益的合作计划,然而这些利益不会对他人的利益有半分贡献"。[8]

我最初想要关注的是一个方法,一个不合法的方法。通过这个方法,我们的平等主义者打算让我们接受这样一个观点:北校人仅仅是靠着自己的好运气获利。他给我们展示了一个二分法——"要么值得拥有什么,要么纯属运气"。这个二分法与"让他感兴趣的东西都不是他值得拥有的东西"这个观点一起,迫使我们把它们看成纯粹的好运气。但是这个二分法是个谬误。让我们来看看原因。

显然,考虑到各自不同的特点,一些孩子有充分的能力可以上北校,这并非是一个运气问题。他们确实有着更强的能力,他们能通过入学考试靠的并不是运气。大概,运气的作用在于能够帮助他们拥有那些能让自己表现良好的特点——勤奋、好奇心等等。但是我们必须谨慎地对待这个考量。另外一个不太重要的理由是:以上谈及的那些特点会随着时间的推移而自成因果。一个更勤奋、更有想象力、更会思考的 7 岁孩子变成一个更勤奋、更有想象力、更会思考的 8 岁孩子不是一个碰运气的问题。故而，把一个孩子的能力说成像去年的圣诞节大礼以及其他礼物那样是从天而降的恩赐，那是绝对骗人的。在这个孩子成长的每一个阶段，他所展示出来的令人钦佩的、与教育相关的才能，和其他事物一样，通常至少都会是他之前努力学习的结果，也是他发挥想象力以及其他能力的结果。这一明显事实会在稍晚一些时候显现出来，然而那个平等主义者却让我们对这一事实忽略不计。

我的这一怀疑还有一个更重要的原因，它涉及更深层的问题。人们当然可以说一个孩子非常幸运地拥有完美的音高或者是个"天生的球星"。这可能是因为这样的天赋对于他这个个体而言显然是个偶然事件。没有什么合理的理由可以让这样的特征成为识别个人身份的基本特征。但是，我们更不清楚是否可以把一个人的智力和性格（包括他的勤奋、想象力、好奇心等等）看作他与生俱来的偶然的附属品——他有幸或不幸拥有的东西。在一些情况下，出于某些目的——进行人口普查，或是讲述青蛙是前王子的童话故事——一个由父母所生的生命的时空连续性真的足以用来识别或再次识别某个人是谁。[9]然而关于一个人的普通概念比这要来得丰富。当一个妻子坚称她那轻率、无趣的丈夫并非她想嫁的人时，我们不用把她的话当作一种比喻就可以理解她的感受。（我们是否同意她的说法将取决于多方面的考虑——包括专家们可以提供的那些因素。一个心理学家可能会极力说服她和我们相信她所嫁的那个迷人的男人总是在关键时刻展示出他野兽的一面，结果他当下的性格轻而易举地就与他之前的性格搭上关系了。）此外，我们多数人都会被引导着去接受以下这两件事之间的区别：一件是使我们成为与现在的我们不一样的方式；另一件是反事实的环境——在这个环境中，我们可以毫无强迫感地说那个存在的人是我们。我可以轻松地想象在我生日那天出生的我父母的那个孩子本可以成为一个目不识丁的虔诚的隐士。当我在说我本可以成为这样的人时，我没有感受到丝毫的强迫。因为一个拥有我自认为是我的根本特征的人不可能同时是另外一个想象出来的人，世上没有这样的人存在。因此，让我把我的缺乏虔诚，或是我对社交的需要想成是我这个人身上的幸运的（或不幸的）赘生物是没有说服力的。[10]由此可见，这些当然也不会是我应有的特征。做这样的假设与假设他们是碰运气犯了同样的错误：把人与他的基本特征相分离。没有一个独立于自己的基本特征之外的人会因为什么而值得拥有这些特征，或是很幸运地拥有这些特征。"美德或运气"的二分法并不适用，它不是给一个人预设美德这一特征，就是给一个人预设运气这一特征，就像是给人打上一个身份的烙印似的。

这些考虑带来的结果包含两个部分。平等主义者先是坚持优秀孩子的能力完全来自运气，继而将对我们多数人而言非常关键的考虑——通过努力、探索等等获得的能力，置之不理。正是这些东西使得这个孩子变得难能可贵。如果考生取得成功完全是因为考试的前一天晚上吃了某种药片，那么想想看我们对待北校/南校体系的态度可能会是怎样的不同。当然，平等主义者说这个孩子没有足够的德行值得拥有那些对他能力的原初发展至关重要的东西，这无疑是对的。但是有哪个理智的人否认过这一（必要的）真理？[11] 当某人把他的事例建立在一个无人会去挑战的看法之上时，那一定会引起怀疑。它使得人们怀疑他是否误解了他正在谴责的概念（在我们的案例当中就是美德和应得的赏罚）。关于个人身份的第二个考虑的引入是这样的：它使得一个看上去像是观点的东西沦落成一个光秃秃的、无所支持的说法。平等主义者想说："将来的北校学生不应该受益，因为他们仅仅是凭着运气才成为将来的北校学生。"如果我是对的话，我想这样的说法是没有说服力的。所以，这个平等主义者所要表达的意思是：人们不应该通过成为聪明、勤奋、有想象力等的人从而在教育上受益。有人可能想要支持这种说法，但是却无法假装能拿出什么有说服力的理由。

现在，我要探讨一下 Rawls 的一个重要观点，即应得的赏罚总是预设一种分配计划，所以它无法被用来为任何一种特定的计划做辩护。Rawls 仅仅承认，应得的赏罚是在一个计划内给那些拥有某些特征的人的奖励。给这些奖励提供保证的那个计划是否合理就是另外一回事了。（对他而言，只有当这个计划满足"差异原则"——换句话说，当给一些人的奖励会反过来给境况最差的人提供一些利益时，这个计划才是合理的。）这一点很重要，因为如果它是正确的话，它会阻止一种观点，而一些人想利用这一观点来支持北校/南校体系——从而证明一些孩子凭借他们的能力应当上一所更好的学校。他的回答会是，只有这个体系包含一所更好的学校时，说某人应当上这所学校才有意义。在一个不同的体系当中，例如中心校，该体系不提供特殊的待遇，所以说任何人都应当上这所学校是毫无意义的。（他当然可以补充说，既然北校/南校体系不满足"差异原则"，那么该体系及其利益结构就是不合理的。）

我相信，Rawls 的大致观点从根本上来说是错误的。我可以肯定地说，通常情况下对应得的赏罚进行考虑会促进一种分配计划的形成;对应得赏罚的判断并不总是与某种特定的计划相关。例如,立遗嘱的人肯定会考虑有一些亲戚给予了他无私的照顾,而另一些人没有,以此作为理由来制定一个分配计划(比如说,根据每个亲戚提供给他的照顾的多少给每一位留一定数量的财产),然后根据这个分配计划而不是其他的计划(比如说,参考一些神秘符号)来起草他的遗嘱。他会这么做的理由是前一个原则与人们应得的东西相一致。确实,在现实的事例中,我怀疑几乎没有哪一个分配方法会不事先参考人们应得的赏罚。即便真有这样的事情,那肯定是假设没人比其他人值得拥有更多的东西——而这本身就是对应得赏罚的一种考虑。

无论如何,这一点在教育领域却并不适用。对于多数的 Scholesia 人来说,北校/南校体系实现了多种教育目的,代表着很高的教育水平,其水平比其他类似的体系都高得多。只有在这个体系中,才能培养出之前罗列过的(p. 34)那些拥有大量教育商品的人。这个体系并不是碰巧不断地向前行进,而是由于之前说过的那些原因而被人们有意识地采纳。非常关键的一点是,这些目的以及该体系的理论基础都无一例外地考虑到即将接受教育的儿童之间的差异性。相反,正是因为一些儿童表现出比其他儿童更强的能力和潜能,故而培养出一些受过高等教育的人这一目的才能得以实现。正是因为一些儿童可以最大限度地利用北校优质的教育优势,而其他儿童却做不到,才影响了该体系的状态。如果这些儿童的智力和其他教育天赋没有得到培养,没有得到最大限度的开发的话,Scholesia 人会把这看成是对这些儿童的背叛。所以,并不是 Scholesia 人先选择了一个教育体系,然后再找到一个方法把孩子们分配到这个体系当中的两所学校,结果就出现了谁应该上哪一所学校这个预设的问题。相反,决定该体系存在的一个主要因素是这样一个想法:智力、想象力、勤勉等等值得享有特殊的福利。这个想法可以成为引进这个体系的一个理由,即便真正存在的体系是中心校或是东校/西校体系。

可以肯定的是,任何一个认为所有的儿童都不应该接受特权教育的人很可能会为自己辩护说没有一个孩子比另一个孩子值得拥有更好的教育。但是这样一个人却无法用(假定的)应得赏罚的缺失来为废除北校/南校体系做辩护。取而代之,他对应得赏罚的否定会成为他谴责该体系其他理论基础的工具。这一点与我们在前面讨论过的这是不是一个一些人以损害他人的利益为代价而获利的体系的结论是并行不悖的。

在前面几页,我碰巧没有质疑那个平等主义者的批评的理论基础——就是那条关于一个人不应该获得他不应得的东西的原则。但是,这条原则可以被质疑。我不配拥有我所继承的财产;Adonis 也不配拥有他的容貌。但是夺走我的财产可能是错误的,当然,夺走 Adonis 的容貌也是错误的。为什么? 因为我们有资格拥有这些东西。所以,即便你能让我相信有关应得赏罚的普通概念不允许我们说未来的北校学生值得享有他们的特权,你依然有必要让我相信北校人为什么不应该拥有这些特权。否则你就得让我相信他们的能力没有赋予他们这些特权。[12] 当然,如果你想说北校人不为他们那些能力的前提条件负责,而且想通过这个小得不足挂齿同时又是显而易见的考虑试图来说服我,那你是做不到的——因为,无论"应得赏罚"的内涵是什么,都不会有任何像这样的东西会被理解成"应得的权益"。你也许会说北校/南校体系是让人无法容忍的,故而没有人可以享有它的福利,并以此来说服我。但是如果这样的话,你就必须向我证明这个体系为什么是不可容忍的。

(iii) 可以预见,有人会攻击说北校/南校体系是个"精英"体系,我可以更加简洁地处理这个指控——因为,非常不幸,对于这个术语的内涵,我们的 Scholesia 平等主义者和那个愤怒的学生一样,都没有认真地考虑过。那个学生用"威胁的口吻"质问"所有灵魂"的看护者说:"你是不是偏心学术精英?"[13]

在最近的辩论中,许多词语(在多种意义上)被极大地贬值,"精英"就是其中之一。事实上,它常被用作一个纯粹的"讽语"来作为一些人的标签,那些人的优势通常是说话者不认可的。如果北校人是这个意义(或没什么意义)上的精英,那么他们的存在当然是要受到谴责的。但是,称他们为"精英"只不过是一种表达谴责的方式,而并非一种观点。有时候——仅仅是略强一点的意味——这个术语被用于称呼那些通过自己的才能和德行往往可以获得更大的成就、更有可能担任社会上更"有责任"的职位的人。毫无疑问,北校人是这个意义上的精英,但是很难明白为什么一个精英的存在会遭人抱怨,除非你已经全盘接受了那些还未被证明的平等主义的结论。就像那位校长在回应那个愤怒的学生时所说的:

> 如果……"偏心一个学术精英"……意味着给予天赋异禀的学生和有希望获
> 得杰出成就的学生特殊的关注、特殊的鼓励、特殊的机会和特殊的奖励,那么……

我不反对学术精英，而是要支持他们。[14]

我们的批评家必须提供的是一种"精英"感，它有真正的实证性的内容，同时，他们还要让人清楚地明白为什么精英的存在表面上看来是不受欢迎的。当然，这个术语在过去是有这种意思的。于是接下来的问题就是北校人是否确实是这种意义上的精英。

也许，这个术语用于军事的语境最为贴切，历史学家们在讲到军事事件时经常说到军队里的精英团或精英小分队——例如，罗马禁卫军、拿破仑的老近卫军，或是"阿道夫·希特勒"警卫旗队。它在法律语境中也很贴切，例如，人们会说王室法律顾问中精英云集；在政治的语境中它也适用，某党派的某个小组汇聚了该党的精英。重要的是，在以上这些范式的例子中，"精英"前面有一个像"军事"或"法律"这样的定语。如果你要说某人是个精英，那么你必须能够回答"是个什么精英"这个问题。在这些标准的事例中，精英是一个特殊的团体，它有着与众不同的目的，属于一个更大的组织——军队，法律职业，政党——这个组织本身也是为了一个明确的目的而存在。[15]

除了保卫皇帝这类与众不同的目的，还有什么要素能让一个军事单位成为精英呢？首先，它必须在相关的方面（比如说，战斗力）比军队里的其他单位强。同时，从理论上说，它的规模要相当小。如果我们称整个炮兵部队为精英部队会非常奇怪，尽管它有着与众不同的目的，级别也在步兵和骑兵之上。其次，精英部队里的士兵必须有着除战斗力之外的特殊特征，那种思想上的特征格外重要。例如，士兵要格外地爱国，忠于皇帝，或是忠诚于自己为之奋战的那些理想。再次，精英单位一般来说享有特殊的待遇——比如说，工资，或是华丽的军装、舒适的营房，凡此种种。而且，精英单位是不合群的——他们会紧紧地守护自己的特权，嫉妒从低级别的部队上来的军官的介入，在给自己创造和维护一个特殊的身份上具有高度的仪式感。最后，人们都觉得它会享有某种别人没有的保护，例如皇帝的保护。像滑铁卢战役时的老近卫军，1945年的警卫旗队，它们都是在其他所有部队都失败的时候才被投向战场。否则，说真的，精英的生命将会非常短暂。

毫无疑问，有一些典型的精英特征我还没有提到；但是，同样毫无疑问的是，人们不应该期望非军事的精英们表现出所有列举出来的特征，至少在程度上不可能一样。然而，要求每一个精英必须表现出足够程度的足够数量的特征也并非是毫无道理的。[16]

为什么像以上提及的那种精英的存在遭到了这么多人的批评,对于这个问题我没有探讨过。但是我想不难猜到那些批评的内容会是什么,而且出于观点的缘故,我会接受这些批评。(但是,有必要补充一下,最著名的关于精英的理论家中有两个——Parate 和 Mannheim——很肯定地支持他们,但是有一些限制条件。Parate 坚持一个精英的构成处于不断的变化当中,以免受到传统的僵化而变得偏狭;而 Mannheim 则坚持精英的构成来自若干个不同的社会阶层。)

就我们目前所拥有的全部信息来看,北校人不能算作根本意义上的精英,这一点我觉得是非常明确的。在说出这个观点之前,通过对比的方式看一看一个真正的学生精英的例子会是很有帮助的。我脑子里的例子是希特勒统治下的第三帝国的四个训练领导者的 Ordensburgen 学校。

> 精英们的终极目标是 Ordensburgen,它是培养未来领导者的终极学校,拥有中世纪骑士精神的神秘感……(每所学校)招收一千名学生……加上 500 名教师、行政人员和清洁工……Ordensburgen 的毕业生将进入第三帝国的上层社会……"Ordensburgen 向政治领导者敞开大门。"(Robert Ley)……(他们)装备精良。Vogelsang 拥有世界上最大的体育馆。[17]

在此,我们拥有一个精英学生的全部或者几乎全部的组成要素:特殊的目标(将来的领导者)、小规模、特权、特殊的入学要求(种族的纯粹性等等)、孤立且具有仪式感、国家的保护、超凡的能力和行动力(根据纳粹的标准)。

这与北校——或者说是英文语法学校——的对比真的是赤裸裸的。北校学生并非学生总人数的特别小的一部分(Scholesia 的教育者们估计北校的最高标准是吸收百分之二十到三十的年轻人)。没有特殊的入学要求,当然,拥有能够从教育中受益的能力是基本要求(这对于任何一个体系而言都是一个必要条件,任何一个体系都有选拔的机制,无论这个体系是否会培养出精英)。北校学生的见解和行为没有任何特立独行的成分,也没有任何具有保护意义的仪式性的东西。放了学,他们与其他学生自由地混杂在一起。当然,国家保护北校的存在——无论如何,它是一所合法的机构——

国家不关心给北校学生提供特殊的保护,比如说保证他们的工作,等等。最重要的是,北校学生没有组成一个团结在某个特殊目的下的真正的团体。诚然,他们为了一个目的来到学校——接受教育;但是这个目的也同样适用于南校的学生。毫无疑问,他们不是为了从事某个特殊的职业而接受训练。那么,使得北校人与众不同的唯一特征就是他们出众的受教育能力以及他们所享有的优质教育的优势。这些当然都不足以给他们贴上精英的标签。

如果你去 Scholesia 的某个酒吧,你会发现这里的客人多数是前北校学生。他们的穿着各不相同;这些人当中有教师、律师、房地产经纪人、飞行员、士兵,以及来自其他许多行业的人;他们的收入和住房几乎没有相似性;他们彼此几乎互不相识。如果你观察一下他们,你会发现酒吧里的每一个人和散落在酒吧里的一个个小群体不会让你感受到一种集体感或是一种同志之情。如果你去观察一下 1942 年的 Ratskeller 酒馆,你会为这两个地方之间的巨大差异而感到震惊。那时候的 Ratskeller 酒馆里都是 Ordersburgen 的校友——这些军事/政治精英穿着制服,很有仪式感地喝着酒,组成一个个的小团体,我们的观察者不想,也不可能进入到这些小团体之中。

(iv) 对于我们的平等主义者的最后一条指控,我的回应应该简短一些——这只不过是因为我会在本章的后面部分讨论一些相关的问题。Rawls 关于"差异原则"的基本观点是:在公平选择的前提下,理性的人会选择这条原则来管理主要商品的分配。他通过启发式的方法,让人们想象一下躲在无知的面纱后面的理性的人们会作出怎样的选择。"差异原则"将会成为人们的选择,因为它是受理性的策略——最大最小原则所支配——把你有可能遇到的最糟糕的情况减少到最低程度。这正是我们的平等主义者所呼吁的观点。由于南校学生在实际体系中的表现不如他们在中心校(或东校/西校)中可能的表现,所以理性的人在了解了他们自己(或子女)与教育相关的能力从而拥有公平心态的情况下,会选择后者——因为他们(或他们的孩子)不会比在现实生活中的南校学生的表现差。

虽然 Rawls 的观点问世不久,但是已招致诸多批评。这些批评包括对他的启发式方法的条理性的质疑(人们会对 Rawls 让他们表现得无知的那些事实如此无知吗?)以及对它的相关性的质疑(如果这些无知的人选择了"差异原则"会怎么样?)。[18] 对这些普遍性的批评,我之后会回过头来阐述;现在我想重点讨论一下 Rawls 的观点对于教育事例的适用性。

50 Rawls 率先强调了以下两点的重要性——第一,最大最小原则只有在某些有限的情况下才是合理的;第二,"差异原则"只用于管理主要商品的总量的分配(例如,它不适用于管理茶话会上的蛋糕的分配)。[19]鉴于此,以及关于 Scholesia 的教育和社会的那些已知的事实,现在还远不清楚在选择北校/南校体系,甚至是选择做 Rawls 式的笨蛋时是否需要什么不合理的东西。至于主要商品,北校学生和南校学生之间的唯一差别在于前者更多地拥有良好的教育带来的直接结果。回想一下,这些结果不是以收入、权利、地位等的形式表现出来。所以,选择北校/南校体系并不是要冒在所有的或是多数的主要商品上处于劣势这样的危险。北校和南校之间的差异也并非那么巨大:不是说南校学生仿佛就没有接受过教育似的,或是像 Rawls 所说的那三点那样。两校的学生所学的和所接受的知识之间的相似性超过了它们之间的差异性。故而,选择这个体系并不是要冒在相关的主要商品上处于劣势——甚至是非常糟糕的劣势这样的危险。

于是,在选择北校/南校体系时是否有什么事情不太合理,这一点就变得不太明朗,准确地说,这是因为支持最大最小原则成为合理策略的条件不太明朗。如果一个人说以下这样的话,他会是在哪方面缺乏理性:"我倾向于北校/南校体系。大家一致公认,我的孩子们在北校/南校体系里可能会表现得比他们在另外一个体系里差——但是他们也可能表现得更好。他们的机会不会太小,如果他们进不了北校的话,其结果谈不上是灾难性的。南校并非多糟糕的一所学校;上南校也并不意味着低工资之类的对吧?"我想,可能只有一个原因可以让我们说一个人如果选择北校/南校体系的话就是很不理智的。假设我们现在有强大的道德原因可以谴责那个体系;那么,任何一个罔顾这些原因而依然选择这个体系的人就是很不理智的,因为他不接受人们建立在充分理由之上的好言相劝。但是,第一,这种不理智极大地有别于那种不遵守某种普遍的理性策略的不理智,诸如最大最小原则所要求遵循的那种策略。第二,更为重要的是,这样的一种想法对于我们的平等主义批评家而言毫无帮助。他希望对该体系的谴责能够建立在选择该体系就是没有理智的这一基础之上;但是,如果认定这一选择不理智的唯一理由是该体系是应受谴责的,那么他就无法做到这一点。

　　但是，让我们想象一些比较不同的情况，好让最大最小原则听上去更诱人一些。让我们想象南校学生的表现差很多，进北校的机会又非常渺茫。现在，我们会说在公平选择的前提下，只要是有理性的人都必须拒绝北校/南校体系吗？我想不会的。Rawls 的两个深度假设的情况是：无知的人们必须对他们可能拥有的任何理想都一无所知；同时，他们必须（原因有待解释）用个人主义的态度对待他们所关注的事情。这些只是高度的假设，Rawls 几乎没做什么来让它们成为现实。[20]

　　假设我有或者说我知道我有某个理想，而且我想在我们的社会将它实现。我们可以假设——这是一个现实的假设——根据"差异原则"分配主要商品不会促进这个理想的实现，实际上这二者是不兼容的。同时可能的是，如果我意识到我的理想几乎没有机会实现，而我的理想对我而言又非常珍贵的话，我会相当冷漠地对待事情是如何组织的、商品是如何分配的这样的事情。从理论上说，我最初对理想的坚持以及我随后对相关事情的冷漠是否缺乏理性，这都取决于这个理想是什么。例如，道家的理想中是否有不理性的成分，这一点尚不清楚；考虑到那些理想的本质，假如那些理想完全没有实现的希望，那么用寂静主义的态度去对待它们是完全可以理解的。所以，一个了解自己是谁的道教信徒在拒绝或者冷漠地对待一个根据"差异原则"所进行的分配时无需表现得不理性。

　　接下来，假设我想提升的商品属于一个集体——比如说，一个社会阶层，或是整个国家。举个例子，假设我所关心的是国家的力量和声望。这样一个商品不会分配给个人——至少不会以任何明显的方式分配给个人。（美国比巴西强大；但是这并不意味着美国的代表是个比巴西的代表更强大的人。）如果我关注的是这样一个商品，而且对此我也完全自知，那么 Rawls 的分配方式没有理由会吸引我。我对商品如何与个人联系在一起不感兴趣。此类商品的提升，比如说我所关心的国家的声望，是否会牵涉对其他关系到每个人的商品进行 Rawls 式的分配，对此我持怀疑态度，而且无论如何我也不会付诸关注。现在，我是否缺乏理性将毫无疑问地取决于我想提升的这些集体主义商品的本质。当我说如果 Rawls 谴责一个没有按照"差异原则"进行的分配方式为缺乏理性，那么他要预先假设他的选择者们是用个人主义的精神对待他们所关注的商品，当我这么说时，我就是那个意思。他们所关注的商品必须是那些联系到个人的商品。

52

有人也许会说:"但是,看:如果人们拥有各种各样的理想和集体主义的目标,而且对此自己也是自知的,那么他们拒绝或是冷漠地对待 Rawls 式的分配就肯定不是不理性的行为。但是,如果人们拥有并且知道自己拥有某些超过别人的个人优势——比如说体力,这同样也是正确的。正如让人们把这样的个人优势纳入考虑范围是不公平的一样,让特定的理想或集体主义的目标来影响人们也一样是不公平的。所以,如果在公平的条件下有一个理性的选择的话,我们大可以把那些东西置于无知的面纱之后。"

在紧接下来的这个部分,我还会对这样的问题进行充分的讨论;但是,人们的第一反应是这两种无知之间存在着重大差异——对个人优势的无知和对理想或集体主义目标的无知。要做到让人们对自己的个人优势懵懂无知就必须防止自私干扰到分配原则的选择。如果想让我们的讨论结果受到尊重的话,就完全有必要撇开对这些优势的考虑。然而,阻止一个人了解自己的理想是什么就不会是合理的。希望看到人们去追寻道教的理想,这件事情毫无自私之处。所以,让一个人忘记他的道教信仰根本不会让他的想法少一分的自私。人们可能拥有的各种各样的集体主义目标也全都如此。

有时,人们批评 Rawls 所设置的选择条件是他为自己的原则量体裁衣,这样可以确保他的原则会被选中。就目前的情况看来,这不是批评,因为 Rawls 已经明言那就是他的目的。真正应该批评的是他让他的无知者们对一些事情懵懂无知,然而其中一些事情却无法被一个个地单独证明是为了做出无私、公正的选择所需的东西。对自己无私的理想一无所知就是这样一个例子。故而,我们可以得出这样的结论:即便北校/南校体系伴随着许多人的大量主要商品的丧失,它也仅是对于那些理论上不具备该体系所认可的理想和目标的人而言是非理性的选择。当然,它对于人们而言不是一个非理性的选择这个事实并不是说它就是一个正确的选择。但是,我们不能以它不理性为由来证明它不是一个正确的选择。

我们在这个相当长的章节当中所讨论的那些针对北校/南校体系的指控都有一个共同的特点——它们全都语义含糊。当"以……为代价"、"非理性"、"精英"这样的术语以真正实质性的方式被加以使用时,我们没有理由假设这个体系会让一个徒有虚名的精英违背常理地以别人的利益为代价而获取利益。很肯定,这些表达每一个都是以评价性的方式被加以使用,缺乏实质性的内容。当然,当它们被如此使用时,那个平等主义者对该体系的描述的正当性就预先决定了他那些充满敌意的结论,同时也做不了什么来保证那些结论。之后,他没有做任何事情来击败支持那个体系举证的任何貌似真实的例子。

3. 质量和平等

53

北校/南校体系的基本案例非常简单(几乎简单得令人尴尬)。和其他同类的体系相比,它能让人更接近教育的卓越。那儿的教育质量高于别处。然而,要证明正是这个案例能够确保得出以上那些代表该体系所提出的观点却并非易事。但是,如果真的能够证明的话,那么考虑到前一个章节中平等主义者的抗议的失败,这个体系的存在就是合理的。

如果有人像以下这样反对,你要怎么回答呢?"诚然,在北校/南校体系中,一些人得到了比在其他任何一个体系中都要好的教育。但是,同样,一些人得到了比在其他任何一个体系中都要差的教育。所以,你有什么权利说北校/南校体系里的教育质量比其他体系的好?充其量你只可以说对一些人而言它比其他体系好——但是同时,你应该补充说明它对其他人而言是更差的。所以,你不再有资格说该体系的质量高于一个平等主义者所说的中心校或东校/西校的质量。"

你可以回答说从北校/南校体系转到另一个可替代的体系不会带来教育质量的提高,这是完全有道理的。让我们来区别一下"分布性的"质量变化和"本体性的"质量变化之间的差别。如果一个 Harrods 公司的代表说他们的香肠质量提高了,他可能指的是以下两种情况中的一种——现在有更多的香肠质量达到了一直都比较好的香肠的质量标准,或是一些(或全部)香肠现在的质量比之前最好的香肠的质量都好。前者的质量提高属于"分布性的",后者则属于"本体性的"。在前一个事例中,某种质量得到了更广泛的分布,一些事物达到了它们之前没有达到的标准;在另一个案例中,一种新的质量或标准得以实现——之前没有任何事物达到过这种标准。"本体性的"提高会带来"分布性的"提高——因为如果一些事物建立了一个新的质量标准,那么就会有一些事物拥有它们之前从未拥有的一种质量——反之则不然。

无论我们是从其他体系转到北校/南校体系还是从北校/南校体系转到其他体系，在教育的质量上都会出现一个"分布性的"提高——因为无论是哪种改变，总会有一些人比之前获得更好的教育。同样地，无论是哪种改变都会带来"分布性的"下降。但是，只有从其他体系转到北校/南校体系才会带来教育质量上的"本体性的"提高。因为，北校学生将不仅会比之前受到更好的教育，而且还会比其他任何人都受到更好的教育。一个新的更高水平的教育变革将会被创造出来。所以，从本体性的角度来说，北校的教育质量高于其他体系的教育质量这一断言是正确无误的。

但是，对于北校/南校体系的辩护显然不能止于此；因为一个批评家会迅速指出，虽然在北校/南校体系中会找到质量更高的教育，但是质量更低的教育也会在其中找到。因为如果我们从其他体系转到北校/南校体系，那么南校学生不仅将遭遇他们所接受到的最差的教育，甚至比任何人在其他体系中接受的教育都要差。所以，虽然只有从其他体系转到北校/南校体系才会产生出一个质量上的"本体性的"提高，但同时也只有这种转变才会制造出一个"本体性的"下降。于是，批评家会质问，这种下降为什么不可以成为一个用以反对该体系的事例呢？就像质量的提高可以成为这样的一个事例那样。当然，为该体系辩护的人是很专断的。

提出这样的挑战是件好事，因为北校/南校体系案例的真正本质是以人们在操作它时的方式显现出来的。也许，当人们开始操作这个体系时是想说明，当一些教育实践的质量有所下降时，通常用于检验它们的标准反映的不是现在一些教育实践的质量比过去所有的教育实践都差，而是最优秀的标准有所下降。也就是说，这是一个"分布性的"下降——向中庸坍塌——质量已经下降的新闻讲的通常就是这种现象。如果英式足球水平下降，那不是因为 4th Division 俱乐部的表现不如以前了，而是因为顶级的队伍和国家队踢得都不如以前了。如果有人说意大利的绘画在 18 世纪退步了，这个人说的意思并不是那个时候最差的画家比以往任何时候的画家都差，而是那个时候没有达·芬奇或提香这样的画家。那些说从北校/南校体系转到其他体系而不是从其他体系转到北校/南校体系会带来教育质量和标准下降的人是有道理的。因为，虽然我们看到从其他体系转到那个体系会带来质量的下降，但是如果就这么简单地、不加限制地下定论的话，会给人一个错误的印象，那就是人们现在接受的教育比以往任何时候都差。

不过，"质量下降"或"标准降低"会不会只是一个语言表达上的事故，而它所指的并不是底层的一个日益恶化的局面，而是高层的坍塌呢？我觉得不是这样。如果需要证据的话，这就是一个，它说明了在人类活动的金字塔区域一个基本的人文关注——关注在任何领域中卓越的实现；关注一些人会攀上高峰。之所以把这种关注称为"基本的"的关注，我的用意是想强调它和那个较小的关注——即教育实践的质量应该实现均衡发展和总体进步——相比，通常重要得多。一个音乐或运动爱好者的首要关注不在于业余弦乐四重奏演奏水平的一个总体的、边际的提高，或是非选拔类的俱乐部赛跑者所创造的时间记录；他关注的是最高水平的音乐才能得到保持或提高，看到的是伟大的运动员打破新的记录。确实，不这样的话就很难明白他为何可以算作一个真正的爱好者。是应该关注卓越还是应该关注均衡发展和总体进步，只要人们的意见有冲突——当然这是肯定的——它就无法成为一个严肃的二选一的问题。事实上，这样一个问题在现实生活中几乎不会遇到——因为，谁会提议将资源少一点用于鼓励音乐或运动天才而多一点用于让资质平平的小提琴演奏者演奏得更熟练些，或是让一个普通的短跑运动员跑得更快一些呢？会有人建议教练们在热情的乌龟和已处于奥林匹克胜利边缘的阿喀琉斯身上花一样的时间和精力吗？或是建议唯一可以使用的那把高质量的小提琴应该公平地提供给一个天才和一个普通的演奏者吗？

当一件事情对每一个人都发生影响时，比如说像建筑或教育这种事情，就会出现另外一种关注，即质量不应低于某种最低水平。我们需要质量良好的房屋，而不需要破败的小屋；我们努力教育出一些卓越的人，但也确保每个人都有一个基本的教育。就像我在第一章（参阅第 3 页）所说的那样，后者毫无公平可言。这里的问题不在于一些房屋或教育的质量是否比另一些差，而在于它本身是糟糕的、无力的。平等主义者通过一个相当不同的关注点来表达他的观点；结果是质量差的房屋的任何一点改善不应该相应地带来质量已经良好的房屋的类似的改善。X 虽然不差，但是它会比 Y 差——就像一个巨人本身不矮，却会比另一个巨人矮一样，这一点虽然表面上看常被人忽视，但却是清楚明了的。

我这不是在进行两种关注之间的竞争；也不是在评估追求卓越和追求最低标准两种要求的相关比重。因为，在那个吸引我们的案例，即 Scholesia 的教育中，没有证据表明根据普通的 Scholesia 的标准,南校的教育确实低于一个可接受的水平。(当然,根据有些人的标准,南校的教育实在是糟透了,但是根据那些标准,北校的教育也一样糟糕。毫无疑问,这些人包括我在第四章讨论的那些作者。)我真的想强调一下,在人类可以通过努力建立一个充分的、最低水准的领域,一旦这个最低水准得以建立,那么对卓越的关注、对永攀高峰的关注应该成为大多数人的首要关注——也就是说,其重要性远远超过看到一个均衡发展及总体进步的愿望。这正是 Herman Hesse 所表达的那种关注。他在回应"玻璃球游戏"仅对少数人有价值这一批评时说:

> 我们训练他们达到一个前所未有的完美的水平。你们都知道,就像每一种行业一样,我们行业的发展也是无止境的,我们每一个人……毕生都在为了自己以及我们所在行业的进一步发展、改良和深化而努力……我们的精英的存在有时候被斥为奢侈……(但是)只有在这儿我们才可以恰当地、正确地玩我们的游戏,将它玩得最为彻底,并充分挖掘它对我们的承诺。[21]

该段同时也说明了对卓越的关注和对均衡发展及总体进步的关注二者之间的不协调——造成这种不协调的原因是人们各不相同的才能以及资源的有限性。用于培养人才的资源和方法不能同时用于提高普通人的表现和能力。尼采在攻击平等主义的"狼蛛"时也表达了一样的观点:

> 生活想用柱子和台阶给自己搭建一个高台;它想眺望远方,看向那惊心动魄的美丽:所以,它需要高度。因为它需要高度,它就需要台阶以及台阶与攀爬者之间的矛盾。[22]

事实上,蕴含其中的不仅仅是一个实证性的观点。我猜测,从逻辑上说,每一个明天的跳高者都有可能跳得和今天的记录保持者一样高——但其结果只不过是把运动领域中衡量卓越的标准往上提升了一些而已。一般来说,我们应该有可能在普通的表现中看到卓越。当普通的成就达到它之前计划达到的高度时,卓越的地平线会就此回落。[23]

假设某人说他不关注我一直在吸引大家注意的那个事情——他说对他而言,重要的是平均成绩的水准。我觉得,一个人可以比说自己是个不同寻常的人做得更好一些。因为,如果他是一个有热情的人的话,人们会怀疑他所说的不是他所想的。如果他对音乐或运动充满热情,但是对这些领域的卓越成就却漠不关心,那这几乎是无法理解的。因此,公开反对给教育的卓越提供有利条件的人有责任表明正是教育及其商品在指挥着他的热情;同时表明,用奥克肖特的术语来说,吸引他的是教育,而不是对于一种意识形态的沉迷,而且这种沉迷只会挫败这种意识形态本身。[24](本段开头提到的那个人获准拥有的一腔热情是那种用来挫败他人热情的二级热情——一种平等主义的热情。)

毋庸置疑,我的观点看来是沿袭了一些人的传统,他们在某种认识、知识、批判性欣赏等事物自身的传送和培养中看到了教育的最主要价值——我继承了柯勒律治、纽曼和艾略特的传统。教育的卓越在于深入并充分地传送和培养这些商品。毫无疑问,一些人应该优于他人这个理想看起来确实需要这个教育的最主要价值的观念的支持。如果人们认为这个价值的意义在于赋予人们相关的能力从而满足社会的经济需求,或是生产"有自主权"的人,那么这样一个理想是否能够实现犹未可知——因为人能否在拥有扮演他们的经济角色所需的能力或是在"自治的"情况下优于他人,这一点犹未可知。

刚刚提到的这些作者们留下了不少赞美知识的内在价值等的锦绣文章。艾略特的话颇具代表性:

> 如果我们忽略教育作为获取智慧之途的可能性;如果我们轻视为满足好奇心而对知识的获取,除了欲望之外别无任何更深刻的动机;如果我们丧失了对学习的尊敬;这些都将成为人生之憾事。[25]

但是,我们不能说这些作家们通过分析这个他们所珍视的理想——即知识的内在价值——就做了多少贡献。毕竟,有许多歧义需要去指出,有许多区别需要去注明,而这些对于那种享有得天独厚之利的教育而言都是有关系的,都是很重要的。第一,教育应当贡献以上刚刚提及的那些商品这一要求存在歧义:它是要求教育把现有的知识、认识等等传递给那些还未遇到这些东西的人呢，还是要求教育帮助人们培养发现新的知识、新的理解方式、新的视角和批判性欣赏的能力。两个要求都很重要。也许，不幸的是，具有影响力的教育界的作者们用他们那些"传递"、"开启"或"交易"之类的术语强调（也许是无意的）了前者的重要性，然而却牺牲了后者。因为，毫无疑问，一个卓越教育的衡量标准之一是在那些接受了这个教育的人当中，一些人会发现新的思想，会有创造性的创新，会推动知识的进步。这样的人我可以列举几个，像著名的莫尔布隆修道院的校友荷尔德林、海尔维格和黑塞。说起他们肯定至少会让人们觉得这所学校是多么的优秀。

第二，我认为，知识对于发现它或获悉它的人的价值和它独立于任何人对它的掌握之外的价值之间存在着一个区别——这恐怕是个非常模糊的区别。例如，真正的理论而不是错误的理论的存在在我看来就是一个有利的事情，对于相信真正的知识的人而言，这一点无需从价值的角度做太多的分析。如果知识的价值仅仅体现在它对于知道它的人的价值——这体现在它使批评的力量更为犀利，使角度更为深入，或是使认识更加广阔——那为什么这种知识必定就是真正的知识，这一点尚不清楚。因为非常肯定的是，实则错误的信仰和只不过是"所谓的"知识，也能为人们生产同样的利益。[26] 好的但终究是错误的理论可以像真正的知识那样同样做到使批评的力量犀利、使角度深入、使认识广阔。但是，我们当中的多数人是否会同意 Moore 所说的当理论是真正的理论时，会产生一个额外的好处，对此我深表怀疑。[27] 我恐怕没有时间来论证这个让一些人觉得神秘的、更有说服力的观点。

我认为，这两个观点的结果是让那个支持像北校那种优势学校的事例更为强大。实际上，无论在某种深度和充分度上极为广泛地传播知识等事物的可能性有多大，对创新能力的发现、培养和扶持都需要格外有利的条件。对于这一点我非常肯定。如果这是一种价值的话，那么它必定与注重均衡发展及总体进步的价值背道而驰。真正的知识有着独立于它之于人的价值——对于这一模糊价值观的模糊的暗示估计是以下所说的那样。知识等事物对人而言确实是有价值的，这种价值使得它的分配成为一个真正的问题。如果它是真正的知识，是理论的真理，那么它就拥有了一个额外的好处。但是，人们没有理由可以因为这个额外的好处就问："它该怎么分配？"如果你了解这种好处的话，那么你唯一可以问的相关的问题是："我们怎样才可以最好地推进这些真知灼见?"如果这个问题的答案是——一般来说肯定是——这要求一些人得到卓越的教育,那么,抱怨某个有价值的东西、抱怨一种好处没有被平分给大家享用就是很不中肯的言辞。只有当我们讨论的这种价值是知识等事物对于人所具有的价值时,这种抱怨才是相关的。

最后,我想讨论一下 Rawls 对他称之为"完美主义"的原则的反对意见。它与对卓越的关注极为相似,从而使得 Rawls 的反对大有关系。非常清楚,这两者都与前一个章节所讨论的 Scholesia 的平等主义者的最后一条指控有关。完美主义的原则是"让社会对机构的安排以及对个人职责和义务的界定服务于使人类在艺术、科学和文学上取得最大的成就这一目的"。[28] 一个人是多大程度上的完美主义者取决于他有多愿意为了这些目标而牺牲其他的必需之物。例如,如果他为了帕台农神庙、柏拉图的《对话录》和索福克勒斯的悲剧而愿意去做奴隶,那么他就是个极高程度的完美主义者。Rawls 对这个原则充满敌意,哪怕只是最低程度的完美主义。例如,他对"由于大学……歌剧和戏剧的内在价值而对它们进行资助"都加以谴责。[29]

但是,乍看之下还不清楚 Rawls 的敌意范围有多大。例如,以上这个资助的例子以及他对完美主义的措辞让人觉得他只不过是反对政府和当地委员会等机构为了完美主义的目的而对公共资源所进行的分配。他对该原则的主要反对意见证实了这个印象。这一点我一会儿就会讨论。但是,如果事实确实如此的话,那么他对不是通过公共政策或中央机构,而是通过捐赠、私人赞助或协议等个人的自愿行为,为了完美主义的目的而进行的商品的分配又持何种态度呢?如果我们讨论的是教育,那这个问题就格外重要。因为,虽然我们清楚 Rawls 一定是反对用公共资源资助优势学校的(除非这一点返回到境况最差的人的利益),但是我们尚不清楚他对于由私人支持的格外优势的学校,对于独立的学校又会持何种态度。显然,这并不是遵循不应该有优势的州立学校以及根本就不应该有优势的学校这种观点。

然而,Rawls 的态度在相关章节的某个段落中有所体现。他认为,虽然每个人可以根据完美主义的目的使用自己的资源,但是这必须发生"在受两个公平原则所调控的政治体制内"。[30] 我认为,这必定意味着如果每个人根据完美主义的目的使用自己的资源,然而最终的分配却不满足"差异原则",那么这是无法容忍的。如果这是 Rawls 的立场,那么 Rawls 肯定是反对个人对完美的任何一种大规模的追求——因为这样的一种追求通常而且肯定是发生在教育领域,它所带来的那种对资源的分配并不满足"差异原则"。耶胡迪·梅纽因学校的校长最近由于"学校之友"给该校提供的经济资助而对他们致谢,因为如果没有这笔资助的话,就无法维持该校学生格外有利的地位。显然,这种资助与"差异原则"所要求的学校财富的分配是不兼容的。

虽然 Rawls 的态度如此,但是必须强调一下他的那一章主要是抨击政府对完美的追求。只有在这个角度,他的主要论点才会成功。(我会在关于独立学校的附录部分回头讨论"私人的完美主义"这一问题。)他主要的反对意见是"鉴于各党派完全不同的目的,考虑到最初的出发点的情况,各党派没有理由采用完美原则"[31](当然,最初的出发点包括无知的面纱)。问题是这样的:人们对于可以在其中追求卓越的领域意见不一,于是,在一些领域而不是另一些领域里对卓越的追求就会否定一些人的愿望和自由,让他们觉得无法忍受,因为他们想在被人们忽略的另一些领域里追求卓越。以庸俗的足球狂热者为例,如果把商品从他们那儿拿走转而支持艺术的发展,这对他们而言就是一种无法忍受的不公平的做法——这就像如果把这个政策颠倒过来,审美家们也一样会这么认为。公平的第一条原则,即最大限度的平等的自由,要求人们必须拥有平等的自由和能力,在吸引他们的各种各样的领域里追求卓越——当然,前提是这种追求的结果不会与"差异原则"所要求的分配产生冲突。鉴于此,那些最初的选择者们在不了解他们喜欢追求什么的情况下,不会冒险选择一种让他们的追求被其他的追求所替代的模式。如果他们头脑清楚的话,他们不会选择一种完美主义的模式。

我说了三个看法(如果你把附录中关于私立学校的那一点也算在内的话就是四个)。第一,Rawls 的观点是有相对性的,而且让人难以下咽。他写作时仿佛自己纯粹就是个人类及其理想的观察者,而不是一个拥有并致力于某种理想的人。无可否认,站在一个中立者的立场,确实没有理由可以解释为什么应该牺牲一些人的目标而去追求另一些人的目标。准确地说,因为 Rawls 没有投身于任何事情,所以在一个领域内追求卓越而忽略其他领域对他而言只会是武断的和不公平的。但是,为什么这样一个中立者眼中的处事法则要与一个有着某种义务和理想的人的态度关联在一起呢?当然,如果后者不了解自己的义务和理想是什么,那么他的立场会与中立者的立场一样:一般来说,他不会认识到某些追求比另外一些更有价值。但是我已经讨论过让人们对此毫不知情这种做法的不恰当性。一个有理想的人对于事情应该怎样有着自己的想法；而且他不会仅仅因为别人可能有不一样的想法就放弃自己的想法。毕竟，像实现教育的卓越那样的理想并非是一种口味。他不能把它看作某种由于他自己的奇思妙想而使得他碰巧沉溺其中的东西，从而将其等同于其他有着不同的奇思妙想的人所沉溺其中的那些口味。只要想一下如果我的味蕾和别人的不一样，那么我对蛋糕的口味也和别人的不一样，这可能就足以阻止我把我自己独有的口味强加给我的客人们。但是，和"我可能没有反对谋杀"这一想法会让我容忍杀人犯这件事相比，"我可能没有致力于教育的卓越"这一想法使得我更能绝对容忍那些反对这样一个义务的人。考虑到这个义务，我无法容忍不把资源用于教育，而用于筹办更为壮丽的焰火表演之类的事情。这样做不会让我成为一个心胸狭窄的人，或是一个遭人贬损的"不容人"的人。这只不过是再次声明：我致力于一个卓越的理想。

第二，教育的卓越是人类走向与他们相关的许多领域的卓越的一个先决条件，或者说是一个重要的构成因素。随着越来越多的领域逐步增强它们的科学性并进入正式教育的羽翼之下，这一点变得越来越正确。这意味着人们对于教育领域里卓越的价值会达成共识，而之前人们对于应该在哪一个领域追求卓越意见不一。这样就出现了一种明确的可能性，即 Rawls 所描述的那些无知的人可能会同意一个完美主义者为了实现教育的卓越而对资源进行的分配。他们所要知道的是，无论他们想要哪种其他的完美，教育的卓越很可能都是一个前提条件。（这样一种普遍的事实，Rawls 确实是允许他的选择者们知道的。）毫无疑问，对于教育的卓越的共识可能会掩盖人们在这种卓越所包含的内容以及教育的结构问题上的巨大的差异。但是即便如此，这也比 Rawls 所能想象到的任何一种共识来得伟大。

不仅如此——这是第三点——对于教育的卓越的理解的多元性并不代表只有其中一种才值得人们关注。没有理由可以证明为什么不同的学校或一所学校里不同的部门不可以在目的上体现不同的想法。例如，英国的体系一直在努力地让风格迥异然而又都受人赞赏的学府和平共存，如 Summerhill、Winchester、Dartington Hall 和 Manchester GS、牛津以及 LSE。关于教育卓越的不同想法之间的战争不同于自由贸易者和自给自足者之间的战争，后者只能有一个胜利者。因此，我们不应该像 Rawls 那样轻易地下结论说，在有着"不同目的"的领域内，对其中任何一个目的的追求必定要把对其他目的的追求不公平地排除在外。

最后这一点引出一个对非平等主义者有利的肯定的考虑。任何一个能让人严肃对待的平等主义者都不能要求任何层次上的公平，而是应该要求可能达到的最高层次上的公平。但是，他怎样辨别所有人都可以达到的层次呢？他怎样辨别哪种教育是每个人都可以享受的最高质量的教育呢？一般来说，他可以先看看一些人实际上所接受的教育，这样就可以辨别出那种对于多数人来说通过努力都可以获得的教育。这些人昨天的成功为许多人设定了明天的目标。一般来说，这样的成功需要的不仅是特权和有利的环境，还需要各种各样此类的东西。与其他领域一样，在教育领域，不同方法和项目之间的竞争可能是孕育成功的最佳土壤。故而，关于教育的卓越的不同看法不仅可以共存，而且这种多样性还应该受到人们的欢迎。那些关注教育的长期发展和均衡发展的人尤其应该欢迎这种多样性——因为，我重申一下，如果这样一种发展会发生、会被识别、会被检验的话，那么正是通过对这种多样性的青睐，教育的目标才能够得以制定。[32]

第三章
教育、平等和社会

前一章是对选择性及质量混合型教育体系的辩护。所讨论的平等主义的观点没有一个可以推翻"更有能力的孩子应获得优先教育"这一有待证实的推论。然而，前一章所描述的体系是一个人为搭建的简单的体系，从中已提炼出许多"现实生活"的特征。现在要考虑的问题是：一旦这些"现实生活"因素发挥作用，那么目前达成的临时决定是否会被削弱？一旦引入这些因素，平等主义是否会获得新的力量？

从当代的辩论来看，Scholesia 缺少的因素当中最重要的都是广义经济类的因素。无论如何，在英国，这似乎就是那些和社会阶层有关的因素，它们在辩论中出现得最为频繁。如果"经济"是指（靠人力）完成的那种工作（例如，体力活）和收入，那么社会阶层这个概念至少通常主要是属于经济学范畴的。在美国，则是一个不同的社会因素——种族——这个因素也许是最大限度地支配着辩论。但是，我不会单独关注这一点，部分原因是我的注意力更多的在于英国的情况，同时也因为在种族差异造成的问题中经济因素起到了相当重要的作用。

我认为有三个主要的社会经济因素体现了 Scholesia 模式的不切实际性，这三点我将着重指出。第一，现实情况并不是：一个孩子上某所学校而不是另一所学校不会受其社会经济背景的影响——尤其不会受其父母社会地位的影响。第二，在现实世界中，一个人所受的学校教育的类型当然会极大地影响到其未来的社会经济地位。第三，在现实生活中，如果一个地方的学校教育里包含不同质量的教育，那么这个地方的不同学校（或"流派"）通常不会也出现阶级混杂的现象；相反，来自某个社会经济背景的孩子通常多会进入某些特定的学校或形成某种"流派"。

这些元素中的每一个都被平等主义者用来削弱那些本可以用来支持选择性及质量混合型学校教育的例子。那些强调前两个因素的人往往会提出"平等的教育机会"这样的口号，并坚持认为，任何教育不平等现象（上一章所讨论的那种）的出现都是对这一原则的双重背叛。那些专注于第三个因素的人谈到教育公平时则更倾向于呼吁"博爱"或"民主"。

在某些时候，保留北校、南校、中心校这些术语是很方便的，但现在我们想把 Scholesia 当作一种已经包含了刚刚提到的"现实生活"特征的模式来看待。这样，北

64

校/南校体系就成为对真实的体系(如,1944 年后的体系)更具说服力的一个比喻,因为真实的体系是存在选择性及质量混合型教育的;而中心校则成为教育质量差异控制在"差异原则"允许范围内的真实体系的一个比喻。

1. 选择

虽然本章的大部分内容将涉及社会经济因素的影响,但我想先讨论一个完全不同但同样是从最初的 Scholesia 模式中抽象出来的因素。我们假设存在这样一个测试:它能够绝对准确地把那些最能从北校中受益的孩子分到北校。因为一些笔误使得杰克去了北校,更有能力的吉尔则去了南校,虽然杰克可能相比吉尔得到了更多教育上的改造,但他的改变依旧比不上吉尔如果去了北校而非南校所得到的改变。

当然,在现实世界我们没有找到这样精准的测试和预测因素。对 11 + 测试存在的一个普遍不满是:有些未通过该测试的孩子拥有和那些通过了的孩子一样甚至更高的教育潜质。在这里我们需要注意的是:这种不满与许多其他的不满不一样。在这一阶段,认为 11 + 测试对中产阶级的孩子更友好这种想法我们是没必要去考虑的。这是个方向性的问题,往往会出现所谓的错误,且超出了该测试容易出错这一不满的范畴。同样,去探讨 11 + 测试是否仅能测出孩子在资产阶级教师所标榜的"教育"上的潜力而非孩子普遍意义上的教育潜力这样激烈的指控也和我们要讨论的问题无关。不过,在本章接下来的部分以及下一章,我们至少会间接地考虑这些反对意见。

当然,在评估教育选拔程序的准确性方面有许多众所周知的困难。其中最著名的难题可能是这种程序的自我验证程度有多高;当然 11 + 以及类似的测试所扮演的角色不仅仅是预测孩子们未来的表现,同时还会影响到他们未来的表现。我认为,因为人们很容易把注意力集中到所谓的"烙印"或"标签"这些因素上,以至于很容易就夸大了自我认知机制的重要性。告诉一个孩子他失败了,这样可能会鼓励他继续失败下去——或者事情就这样继续下去了。自我验证更重要的一个方面在于它往往会根据遴选程序所决定的所要录取学生的性质来调整学生未来表现的水平。总的来说,一个人不会把标准定得比绝大多数通过测试的人都高出太多,同样也不会定一个比绝大多数未通过测试者还低的标准。因此，一个人不太可能基于很多"通过者"之后的表现糟糕而很多"未通过者"之后的表现极好这样的原因就认定一个选择程序是绝对不准确的。

另一个困难是：当给已分组后的孩子们再次进行能力评估时（例如，"O"级别评估），他们分组后的表现已介入了太多因素，这些因素是判断原始预测准确性的可靠指南。如果一个孩子后来因为家庭困难、顽固性粉刺或对足球的不可预见性的痴迷而未能通过新的测试，那么他的这种表现则不能用来说明原始的选择标准是错误的。

这些只是评估一个遴选程序时诸多困难中的两个。鉴于此，以下这个问题就随之出现：我们如何能够像平常所做的那样去判定这些程序在一定程度上是不准确的。在我看来，这些基本原则绝大部分是粗糙的、现成的，也是直观的。某个学校的老师有时候会注意到这样的孩子：假如他进一所学术上更强的学校，那么他对于在那儿遇到的更有挑战性的学习会表现出热情与才华。这样就可以得到一个合理的猜测：对于老师注意到的每一个这样的孩子，如果他们实际上所上的是要求更高的学校，那么他们都会展现出热情与才华。这些学生之所以能被注意到，是因为尽管学校的环境相对而言不太适合他们，然而他们依旧展现出了热情与才华。当然，肯定也有学生因为学习环境的原因而导致才华一直被埋没。

如果将这一点看作是对遴选机制的诟病的话，那么将无法解答为何在一个组织良好的体系里会有适当的机制将那些"晚开智的人"转到属于他们的学校里去。这样的机制的确应该要有，但其中的问题并不在于那些能力已被注意到的孩子，而是那些潜力尚未表现出来的孩子。显然，问题尚未浮现又谈何机制来修正错误呢？

不过，我不认为该批评能强大到靠它自身的力量就能将遴选机制连同质量混合型教育一并铲除。T. S. Eliot 讽刺性地称之为"未被发现的 Miltons"之反对意见。[1]它反对的理由是：如果有些人的潜能实际上可以在更好的学校里得到发展，却被选到接受低级教育的孩子当中，那么这样一种遴选方式就让人无法忍受。［实际上，该反对需要一些更强劲的理由：也就是这些孩子的能力至少能发展到和一些（大多数？）高级学校的学生们一样的水平。］

这个论点的弱点在于它会立刻引来类似的反驳，我们不妨称之为"未被发现的 Simple Simons"论。"未被发现的 Simple Simons"指的是那些在要求更高的学校中表

66

现良好的孩子,如果他们所上的是一个要求不那么高的学校,那么他们的能力会始终得不到施展或者会退化。我想不出任何理由可以去假设未被发现的 Simple Simons 的数量少于未被发现的 Miltons。毕竟,最初的论点所预设的条件是:有些孩子的能力只会在相对有利的条件下表现出来。这就必须认为,有些孩子如果到比他们实际上喜欢的学校差的环境学习,那么他们被检测到的天分就可能被埋没。认为有利的环境是发挥孩子能力的充分条件而非必要条件,这样想固然乐观,但却毫无根据;因为更确切地说,这就是假设有利环境可激发潜能而不利环境却不会抑制已发现的能力。

同样我也找不到任何理由来解释一个以未被发现的 Miltons 为基础的中心校的案例与一个以未被发现的 Simple Simons 为基础的反例为什么不能实现绝对的平衡。我们假定如果成立中心校,那么一些本应去南校的学生的能力将出乎意料地蓬勃发展。但我们随之也必须假定,一些本应去北校的学生的能力将出乎意料地退化。如果是这样的话,我不明白为什么这种平衡是有利于中心校的。(也许,我应该像之前那样强调一下,我们假定中心校在教育上优于南方,但劣于北方。没有这一前提,平等主义者的观点甚至会失去相关性。如果中心校比南北校都要好,那么他们无法为支持中心校的压倒性案例增加任何新的筹码;如果中心校比南北校都差,那么他们同样也无法为反对中心校的压倒性案例而增加分毫反对的力量。)

2. 一个口号——及其误用

有人认为,有两个社会经济因素会颠覆我们对北校/南校体系暂时的支持:社会经济地位会影响一个孩子上哪所学校;孩子上哪所学校反过来也会影响其社会经济地位。我在第三部分会直接讨论这两个因素,在此之前,我想先讨论一个口号,一个只要谈及这些问题就必然会被提出的口号——"平等的教育机会"。其粗略的观点是:当那些被提及的因素都产生效应时,这个体系里的机会就是不平等的,故而是令人无法忍受的。

我们的兴趣在于机会平等与教育平等之间的关系,我在上一章已对这一关系做了阐述。如果有的话,什么样的案例可以用来反驳北校/南校这种以平等的教育机会为基础的体系呢？坦率地说，我的答案是，平等的教育机会这个口号自身太过混乱，故而无法对该讨论做出什么有用的贡献。我们不如直接解决以上提及的社会经济因素是否会削弱支持选择性及质量混合型学校教育的案例这一问题。对于这些因素是否会导致机会的不平等这一问题，我们绕过不谈。我认为导致该混乱出现的一部分原因是这个口号中存在严重的歧义，另一部分原因在于平等主义者对该口号的各种各样的误用，还有一部分原因在于机会这一概念已经被无可挽回地赋予了太多价值。希望我能把这几点都讲清楚。

当你开始思考两个流行但又相互对抗的观点的共存现象时，你就会开始怀疑这个口号的清晰度。这两个观点讨论的都是平等机会和各种机会的平等（尤其是第一章中的"拉平"式平等以及教育机会的平等）之间的关系。一种倾向是让这两种观点互相争斗——从而判断对平等机会的追求是否与"真正的"平等主义[2]水火不容。平等主义者及其反对者都有人采取这一做法；但是前者将对平等机会的要求看作对一直存在的重要的不平等问题的略带掩饰的辩解，后者则倾向于把对"拉平"式平等的要求看作唯一的理性要求——对平等机会的要求——的一个混蛋的残废儿子。但是，越来越多的反对倾向认为机会的平等需要一种"拉平"式的平等；认为除非最终的结果基本平等，否则不可能存在平等的机会。这种倾向最直接的做法是它企图（很快会谈到）以相似的结果来定义"机会平等"。

这些不一致的观点的出现表明机会平等这个概念肯定是相当复杂的。当然，有一个难题是已经接触过的那种——即如何确定相关的方面。人们何时有到西班牙度假的平等机会呢？好吧，我们来考虑一下以下这个四人组合：一个非常贫穷的英国人，一个正在工作的宇航员，一个西班牙政治流亡者，还有一个太晚预定假期的人。除非确定一个相关的方面，否则讨论这些人是否拥有一样的机会显然是没有意义的。流亡者在法律上是禁止去西班牙旅行的，宇航员在地理上是被排除在外的，穷人在经济上不允许旅行，假期预定太晚的那位也不行，因为西班牙景点已经人满为患。大致说来，当阻挠和干扰的因素不存在时，机会就是存在的。所以，这个四人组合中的不同成员在某些方面而不是其他方面是机会共享的。举个例子：他们中的三位在法律上都是可以去旅行的，但是另外三位并不都拥有真正的旅行的机会。关于这种难题，我在后面还会谈及。在此之前，我想先关注一些其他的问题。

在"机会"前面加上一个形容词，一个典型的句法模糊性便产生了。机会可能是为某物提供的一种东西，也可能是由某物衍生而来。例如，一个人的金融机会可能是他用以获得资金的东西，也可以是他凭借资金而获得的东西。教育机会可以是用以获得教育的机会，也可以是教育所提供的机会。这让我们联想到"权利"和"条件"的不同。这种模糊性同样体现在"平等的教育机会"这个口号上。据说福斯特法案促进了人们教育机会的平等，这里体现的是"权利"意义上的平等，因为该法案去除了阻碍孩子接受小学教育的障碍物。然而当 Floud、Halsey 和 Martin 将"教育机会的平等"定义为"通过中学教育实现经济和社会机会的平等"[3]时，这里所提供的平等就是一种"条件"版的平等。

需要强调的是这些不同的角度是彼此独立的，因为一个政策显然有可能在某种意义上让机会变得平等，同时在另一种意义上降低平等性。通过增加能够进入某些职业的黑人的百分比，大学内黑人的比例上升，从而使得不同种族之间在"条件"的意义上获得更加平等的机会；然而白人学生由此受到歧视，因此从"权利"的角度考虑，最终不同种族学生的比例显然与机会平等的原则相矛盾，而这一点非常重要。

毫无疑问，从句法角度看，"权利"意义的解读是更自然的解读——从历史的角度来看也是如此。最初，要求平等的教育机会就是要求去除接受教育途中的种种障碍——例如，个人宗教信仰。然而这一意义并没有一直保留下来，这无疑是令人遗憾的。除了句法原因，我想另一个"条件"意义的流传还和两个因素有关。其中，学生的早期教育是一个影响他们最早接受教育的机会的一个关键因素。良好的预备学校能让你获得更多的学识，从而得以上好的公立学校。好的公立学校反过来又给予你更多的学识，从而得以上牛津剑桥这类的高等院校。因此，任何关于教育机会的讨论都必定涉及（早期）教育所提供的机会这一话题。故而，从教育能带来什么这个角度讨论机会成为了一个惯例——即便这些机会已不再是为了接受进一步教育，这个惯例也依然存在。于是，人们开始从教育的后期阶段所带来的社会和经济的前景这一角度来理解教育机会。

另一个过程则不太令人愉快了。对于那些像 Tawney 这种早期打着机会平等的旗号，坚持要求出台各种各样的政策的人来说，他们信仰的宗旨无疑是通过扩大工人阶级接受教育的机会，大力提升工人阶级子女的社会经济前景。无论对错，在人们印象中如此巨大的变化从未发生。一个普遍接受的激进的看法不承认将机会平等化并不会带来这样的变化，相反，他们坚持认为早些时候所倡导的政策——例如（中央政府对学校）直接拨款——对机会的平等化未建寸功；他们坚持认为如果一个政策大大提升了最贫穷的群体的经济前景，那么它最终只会影响到机会的"真正的"平等化。当以一个感性的口号为基础的政策没达到人们的预期时，该口号不会消失，但是它的含义往往会被改变。

　　无论是怎样的历史原因导致口号的模糊性，前面提到的两个相互对立的观点——一个是机会的平等与"拉平"式的平等的对立，另一个是将前者看作是对后者的要求——肯定都经历了很长的时间才让人们理解了它们的存在。因为强调教育机会的平等也就预设了教育和教育平等中差异的存在。如果某种教育人人皆能得之，那么谈论它是没有意义的。另一方面，人们越是强调通过教育获得的平等的社会经济机会这一条件，就越有可能主张将教育平等看作整个过程中所谓的先决条件。

　　然而，我们需要给这些言论加一些限制条件。首先，将教育平等主义描绘成"权利"意义上的机会平等的对立面是具有误导性的。它所反对的是机会的平等化或者说事实上是非平等化政策所预设的东西，即教育质量上的差异。其次，有人从"权利"的角度将其支持中心校的教育平等的案例建立在机会平等的基础之上也是完全有可能的。当然，这种人不会将中心校看作是平等机会的一种象征（以一种不可忽略的方式），就像他同样会把墓地看作是人们某一天死亡的平等机会的象征。正好相反，他的观点可能是：如果，而且只有如果，当儿童有平等的机会去北校学习，北校/南校体系才会是合理的。他认为，既然他们没有，也无法做到这一点，故而应该选择中心校。因此，如果认为那些把机会平等和教育平等的观念相互对立的人无论如何都不能够把一个反对北校/南校体系的案例建立在前一个概念之上，那这将会是大错特错。这样做的人当然与前一章提到的平等主义者不同，因为在后者看来，不平等之所以应该受到谴责与权利的平等毫无关系。

　　认为在"条件"意义上对更多平等机会的要求自带着一份对教育平等的义务，这种看法也是具有误导性的。确实，那些最热衷于把教育作为一种途径来提升社会经济前景的平等的人支持所谓的"反向歧视"，委婉点的说法即"积极的不平等"，更委婉的说法还有"肯定性的行为"。毫无疑问，这些人喜欢中心校多于北校/南校体系，但他们最

70

希望看到的则是那种能让在外界最不可能取得成功的人通过接受适合他们的教育而大大提高他们的"生活机会"的教育模式。

我们所讨论的这种模糊性会严重地阻碍人们在严肃的讨论中对"平等的教育机会"这一口号的明确使用。不同的人用它说不同的事,不同观点间又常有意外的交叉之处。但是更糟糕的是,近年来,对这两种观点的曲解,社会学家——以及那些他们努力去劝说的人——都毫不知羞地实践着它们。

Coleman 报告里一个文集的编辑介绍部分的第一页有一段话专门对这两种曲解做了阐述(题目是:"平等的教育机会")[4]:"平等的教育机会"对于大量的美国学童而言是毫无意义的。最近的社会科学研究证明了这一观点,并揭示了种族团体与社会阶层之间的教育成就差距之大。这两个曲解分别是:(a)将成就看作机会的衡量标准;(b)将平等看作社会阶层(或种族群体)之间的一种关系。毫无疑问,成就的差异一旦被指出(平等主义者很少这样做),其本身并未暗示机会的任何不同,无论人们如何发挥想象之能来使用这个词。同样明显的是,通过使不同阶级或团体的机会均等化,并不能让个人机会的平等化得到丁点的改善。(如果你认为确实能得到改善,那么这无异于认为你可以通过把肥胖的人都搬到一个满是瘦子的城镇,从而让这个镇子居民的平均体重更接近全国的平均值,进而减少人们体重的差异。它们是一个道理。)

让我们先谈谈(b)。人们已习惯于将机会平等与阶级平等划等号,这使得机会平等变得更加难以辨认。当一个作者提出关于机会不平等的程度问题时,一般接下来就会毫不犹豫地引用些常见的数据来证明工人阶级的孩子鲜有上伊顿公学的,以及中产阶级的孩子很多都上的是语法学校,等等。即使我们假设这些数字都和机会有关,机会平等化就是实现阶级间的机会平等这一假设依旧是非常奇特的。假设北校的招生政策发生了变化,只有那些名字以"A"开头的人才可以上。按理说,现在大概没有哪一个社会阶层会在北校处于过多或过少的状态,但如果因此就认为人们现在拥有平等的去北校读书的机会,那也是颇为荒唐的。或者假设一所大学向任何想要在那里学习的人免费开放。这在若干方面肯定是上学机会平等化的重要表现;哪怕这样做的结果是学生中中产阶级或白人的比例比以往更高,这也是一种平等化的举措。

人们不会否认有些机会可能密集地集中于某个特定阶层的人身上,因此,将人们的机会平等化实际上就意味着把东西平分给不同的阶层。但是,把机会的平等化等同于这种事物的平分依然还是荒唐的。有人认为，机会的不平等分配不利于来自某个社会阶层的孩子——而不是有着某个特殊名字的孩子，或是来自某个特定地方的孩子，或是有着某个特定的宗教背景、政治色彩、肤色、身高、性格等等的孩子。如果这是个真理的话，充其量也肯定是个要视不同情况而定的真理。这种不合常情的论证方式会带来若干不好的甚至是毁灭性的后果——例如，这会使得人们容易忽视社会阶层内部的差异，而该差异在某些关于机会的案例中，一定会比阶级之间的差异更大；或是目光短浅地无视除社会阶层以外会影响到人们的机会差异性的因素。最糟糕的可能是人们会觉得只要一个阶层内的成员在一般情况下不会比另一个阶层内的成员享受更多的机会，那么即便这种结果要靠从他人处抢来他们手中的机会才会获得，一切也都是太平无事的。这确实是对该口号的一种歪曲，因为它在全盛时期时，其目的在于去除障碍，而不是为了实现平等而剥夺他人的机会。[5]

　　如果从社会阶层之间的差异性的角度来定义"平等的机会"是"权利"意义的病态版，那么从成就的角度来定义则是"条件"意义的病态版。这是理解 Coleman 报告中该口号的首选方式，因此，该报告 600 页左右的篇幅讲的并非外界所宣传的那些内容。事实上，Coleman 从成就的角度给我们提供了两个定义。较弱的一个将"平等的教育机会"定义为"同等的个人付出后结果的平等"；较强的一个则将其定义为"不同的个人付出后结果的平等"。[6]这是个不太好的规定；因为无论"平等的教育机会"的定义多么含糊，它都不属于 Coleman 所说的任何一种情况。由此即可看出：影响结果的因素除机会外还有很多很多——例如，能力、运气以及自身使用机会的愿望。

　　请注意，Coleman 的定义远远超出了（已经存疑的）"条件"的意义——根据他的定义，平等的教育机会要求通过教育获得越来越多的社会经济机会。显然，实现这一目标未必会涉及将教育成就平等化。有些人反对私立学校，理由是私立学校的校友们在就业市场上不公平地占据优势——在这种情况下，取消私立学校有助于在"条件"意义上将机会平等化。关于教育成就的平等没有任何暗示；据我所知，废除私立学校只会带来更多结果上的差异。那些试图通过教育成就的平等化实现社会经济机会的平等的政策再一次至多也就是个要视具体情况而定的真理。

　　事实上，对于从平等成就的角度解读"平等的教育机会"，Coleman 有自己的一个观点，尽管较为无力：

73 　　　　假设早期的学校每周只运行一个小时,学生来自所有的社会阶层。这可能符合关于早期机会平等概念的清晰假想,因为学校是免费的,当地所有的孩子都可以上,而且所有的孩子都上着相同的课程。但即使在那时,人们也不会认为学校提供了平等的机会,因为它的影响非常微小……(并且)……额外的教育资源会造成结果的严重不平等。[7]

　　既然它将"结果的严重不平等"看作机会不平等的标志,那就让我们忽略该论点实际上避开了真正的问题这一事实;另一个我们同样可以忽略的事实是这个想象的体系是否是个机会不平等的体系这一点尚不明显(毕竟,我们还未被告知——而且也不会被告知——机会到底是什么)。这个观点最多可以表明——如果我们承认这个想象的体系不是个提供平等机会的体系——机会的平等所要求的远远超过一个使用同一课程的、免费的、通用的学校教育。除了缺钱或物理距离外,还有许多因素会阻碍孩子获得学校教育或从中获益。机会平等化有充分理由要求消除这些障碍。但这与结果的平等毫无关系。即使消除各种障碍后成就的差异性会减少,但并不是这种结果——而是障碍的消除——让人可以堂而皇之地说机会真的越来越平等了。(肯定值得强调的是,对 Coleman 虚构的这个体系力度最小的反对意见认为它含有不平等的因素。它的问题在于很多儿童没有得到体面的教育——它的问题在于它自己宣称的那些问题,而非一些人所受的教育程度低于其他人这一事实!)

　　导致口号被曲解成各种版本的肯定不是像 Coleman 这种无力的辩解。确实,当各种曲解结合成一个巨大的曲解时——当"教育机会的平等"被定义为"少数群体和多数群体(或社会阶层)可比较的教育成就"[8]时——动机就变得一清二楚了。这个动机显然来自意识形态。以消除人与人之间那些与社会阶层或种族成员有关的所有(或仅有)差异为目标的人们紧握着机会平等的光荣旗帜,用力挥舞,其原因不难理解:几乎

74 每个人都想得到他们称之为"平等机会"的东西,因此给他们的目标贴上这个口号会让他们的目标拥有一份放之四海而皆准的体面。目前,那个口号通过它的各种曲解给这个目标加上了一层淡淡的伪装。我的目的并不在于评论这个目标,至少现在不是。相反,我想强调一下,正因为这些曲解,该口号实际上已经无法运用于严肃的辩论。太多人已被 Coleman 这样的"有说服力的定义"成功说服,因为这样他们就可以安全地引用

这个口号。

到目前为止,我并没有对什么是教育机会进行阐述。有些人四处抗议各种各样的体系,理由是这些体系没有把他们认为是机会的东西平等化,而这些人对于什么是机会所进行的解释并不比我的多。在哈佛大学的文集《平等的教育机会》所收入的文章中,没有哪篇文章的作者花时间将机会与能力、才干、运气、对机会的把握,或是有机会的话希望做的事情等进行区分。显然,X 事件的没有作为或没有成就可能是因为后面这些因素中某一样的缺失,而不是因为缺乏做 X 的机会所导致。而且,在我所知道的大多数讨论中,我前面呼吁大家注意的一个因素被完全忽略——脱离个体的处境、不确定一个与个体相关的方面来讨论他拥有什么机会是没有意义的。这就是我在西班牙度假的例子(第 68 页)中提到的那个因素。这一点不仅适用于教育,也适用于其他任何方面。一个曾经没机会学物理的孩子,现在是否有这个机会取决于他现在的处境。一种情况是,他现在获准学习物理,这个事实会是个相关的因素;而他没有足够的数学知识储备这一事实却不相关。另一种情况是,以上这个相关性的顺序可能会颠倒过来。

我不会进一步讨论这些问题,所以在接下来的章节中我也不会过多地依赖机会这一概念——因为我不希望成为那些不做解释却又盲目使用这一概念的人群中的一个。我不再展开讨论是因为机会这一概念已经被无可挽回地加上了太多的价值,以至于我们已经无法对它进行一种严肃的、中立的分析。现在,它只不过是个不切实际的不相干的因素而已。虽然有可能进行这样一个分析来得出像我刚刚所阐述的那种区别,然而我确信,根据那个分析来使用这个概念的努力会被人们使用“机会”这一术语来反映他们的思想道德立场这一不可逆转的趋势所淹没。公平地猜测一下,北校/南校体系体现出来的对于机会的争议以及机会之间的平等的程度只不过反映了对于该体系的道德或意识形态的对抗,并不能反映任何实质性的差异,进而解释为什么会有那样的对抗。[一个人愿意(不愿意)把国家阵线称为“纳粹”组织反映了,而非解释了,他对该组织的反感(包容)]。如果是这样的话,那么当讨论一个体系的优缺点时,如果我们首先去努力解决该体系中所能找到的有关机会的问题,那么我们就不会得出太深的见解。

只有当人们以一种有力的评价方式来使用“机会”这一术语时,我们才可以说几乎每个人都毫不犹豫地要求增加教育机会。因为如果"机会"以中立的方式被加以使用，那么就不会有人希望看到这样的机会得到增长。如果监考的老师年迈又失明，那么孩子们通过考试的机会将大大增加——我认为，没有人会倡导这种机会的增长。在发言者看来，最近这种表达貌似在说无论缺失的因素是什么，都不应该影响到成就和结果。"平等的教育机会"这个口号则被用来指代说话者想要看到的任何需要平等化的东西。那么其他人又该如何解释一个"等级及分类"组织作者所提出的——只有当每个人都能真正接受大学教育时，教育机会才是平等的——这一观点呢？[9]如果有人认为由父母的受教育程度决定其子女能否到某些学校学习这种做法是让人无法忍受的，那么这个人很有可能会说孩子没有平等的上学的机会；然而，如果有人认为这一点完全合理也完全可以接受，孩子应该从父母的知识中受益，那么这个人就不太可能认为孩子没有平等的上学的机会。他更有可能把平等机会的存在与影响实现平等的法律或制度上的障碍结合在一起。毫无疑问，人们可能会追问：根据冷静、中立的分析，某人的父母受过非常良好的教育这一事实本身是否会给这个人带来一个其他人所没有的机会。但是，追问这个问题会歪曲造成参与讨论的人意见分歧的那个问题的本质——这个问题就是：质量混合型学校教育是否可以忍受，而在这种学校教育中，那些有受过良好教育的父母的孩子在遴选中占有优势。所以，最好还是直接解决这个问题——而绕开以下这个问题：不管这种体系是否能被大众所接受，体系内的机会实际上是否是不平等的。鉴于该口号的模糊性、对该口号的各种曲解，以及"机会"成为一个纯粹的价值词这一不可逆转的趋势，人们当然应该在下文忽略词语和口号。

3. 不平等的循环

数不清的书卷中有大量熟悉的数据，其目的是为了体现本章开头提到的社会经济因素与教育因素之间的关联。据说这些数字体现了一个"不平等的循环"，而教育则是这个循环的中心点。以下是一些例子：在 1973 年，似乎 59％的语法学校的儿童来自"白领"家庭，虽然这些家庭的孩子只占相关人口的 38％；根据大学招生中央理事会（UCCA）1968—1969 年的报告，虽然 60％的劳动人口从事的是体力劳动，但是只有

28%的大学生是体力劳动者的子女;综合住户统计调查 1973 年的结果显示,59%的普通学校校友年收入低于 1 500 英镑,年薪超过 3 000 英镑的仅占 0.8%——而对应的学位持有者的比例分别是 11.1%和 33.3%。

但这些数字所反映的现象究竟有什么问题呢? 或者,更多地考虑一下我们的目的,如果有问题的话,这些问题是否与北校/南校所代表的选择性质量混合型教育类型相对立呢? 例如,它们是否反对一个语法学校和普通中学并存、同时只有极少一部分人能上大学的体系呢?

我想象,我也希望,有这样一群提出并一直在思考这些问题的读者存在。因为在无数的书卷中,人们都想当然地认为这些数字确实揭示了一些特别严重的错误——但真正努力去寻找这些错误究竟是什么的人又真的非常少。有个作者指出,在中等教育阶段,不同社会阶层的教育成就不断扩大差距,随即马上得出结论说:"这一发现无疑会让人质疑 11＋测试及三方教育体系……因为它们正是导致这个结果的原因。"[10]然而,这个"发现"为什么会让人"质疑"这些事呢? 该作者根本没有就此做任何说明。另一个作者在引用了上述那样的一些数据之后宣称:"缺陷、歧视、扭曲在前文都已指出。每种缺陷都需要一个针对性的解决方案,它们通常作为一个总体观点的一部分而存在,而这个总体观点认为整个局面都急需修改。"[11]但是,除了一些说该体系是资本家为了日后对无产阶级进行"剥削和掌控"的一个阴谋之类的修辞之外,作者没有解释为什么这些数字体现了"缺陷、歧视、扭曲",更别提为什么"整个局面都急需修改"。总的说来,即便是那些支持选择性质量混合型教育的人也倾向于将质量和成就与社会经济因素的关系是如此密切看作该体系一个不幸的污点。

在尝试解决所提出的问题之前,我会就平等主义批评家常列举的一些数据做个简评——那些常见的表格显示工人阶级的孩子成为主教、保守党内阁部长、大学教授、医生或律师的数量是如此之少。第一,这些数字是具有高度选择性的;因为我从未见过他们引用数据来抗议上流社会的孩子成为"流行"歌星、英格兰足球运动员或工会领袖的人数是如此之少。第二,虽然这正是第一点的用意所在——这些数据如果不和人们想从事什么样的工作这种信息结合起来则是很无趣的。除非假定几乎每个人都想成为主教、保守党内阁部长,戴圆顶礼帽或阅读"泰晤士报"[12]等等——或除非假定某些阶级之间并不关注这样的野心——否则并不清楚我们为何要哀叹这些数据。第一个假设无疑是荒谬的,而第二个假设肯定是错得离谱。如果平等主义者也像维多利亚时代的父亲或漫画中的犹太母亲那样认为每个儿子都应该有成为主教、医生或律师这样的远大抱负的话,那肯定会让人觉得既矛盾势利又令人反感。

那么,我们就来看看一开始提到的那些数字是否存在令人无法忍受的问题,如果有的话,它们又揭示了什么问题。可以承认的是:就它们所提供的所有信息而言,这些数字能够、在某些情况下将会指出它们所在的体系中存在的严重问题。不过请让我立刻补充一些我所看到的问题:(a)在现代英国,这些数字并非大规模的存在——就它们存在的程度而言,它们只能对我们所讨论的社会经济与教育关系密切这一问题做出极少的解释;(b)这些数字并非是以补救的方式呼吁废除选择性质量混合型学校教育;(c)这些数字并非平等主义者专用的靶子。

在某些情况下,有两个问题会导致这种"循环"。如果是否能够进入选择性教育学校以及之后的进入职场是由阶级成分来决定的,那么这两个问题[13]就会出现。它们可能有不同的表现形式:例如,它可能表现为招生的正式标准明确规定只有具备某一社会阶层背景的孩子才能被录取;或者,它不会这么明目张胆,而是会规定一些条件,但只有那些拥有某种背景的人才有可能符合这些条件。[14]

关于私立教育,我会等到附录部分再来讨论。很显然,在英国进入选择性教育学校,无论是形式上还是效果上,都不会考虑人才的社会阶层。进入语法学校和大学都是以学生的能力为基础;能力符合的人不会因为经济或其他方面的原因而无法上学。(这不是否认在测试能力的考试中可能存在一定程度的无意识的偏见,使得考试更有利于来自某个社会背景的孩子。但是,有人歇斯底里地夸大了这种顾虑。在后面的章节里,你会看到对这种夸大所做的警告。)确实,早在 1957 年,就有常被认为属于平等主义者阵营的作者承认了太多这样的现象:"对于每个社会阶层中拥有所要求的最低 IQ 值的男孩有多少人可以进入语法学校,这个配额实际上已有规定。机会的分配也……比以往任何时候都密切地与个人的能力相结合。"[15]当我们在考虑进入职场时,情况基本上也是如此。例如,律师界、医学界、学术界和公务员都根据能力进行筛选,他们合格与否与其父母的职业无关。毫无疑问,阴暗面是存在的,如一个人可以依靠其父母获利;但是无论如何,现在的潮流已经转向,转而"肯定地"青睐与大家现在都认为正确的轨道"背道而驰"的人。

此外,即使我们面对的问题依然比它们实际上看上去的还要严重,为何废除选择性教育会是一个恰当的补救办法这一问题依旧没有清晰的答案。改变选择的标准看上去似乎能够包治百病。确实,人们马上会把对这类问题的恶毒批评和对单独把能力排除在相关的标准之外的非功利性结果所进行的"能力至上"的攻击联系起来——这种攻击当然是预设质量混合型教育有着很高的价值。

最后,抱怨选择标准的不合理性及不公平性并不是平等主义者的特权。这些标准错在缺乏合理性及公平性,而不是——或者说主要不是——因为它们让一个阶层比另一个阶层获得更大的利益。在我看来,一个禁止律师的儿子进入上流社会的法律和一个正好与其相反的法律一样都是有失公允的。

在某些情况下,这些数字所能反映出来的是一个相当不同的问题,即真正的贫穷和剥夺的存在。来自贫困家庭的儿童,如果没有他人的救助,几乎无法进入要求更高的学校,也无法找到要求更高的工作。就此,与之前一样,我要做三点说明。

第一,现在的英国不存在大范围的贫困和剥夺。诚然,教育需要资金支持,但他们无法解释选择性教育及职业中阶级差异的程度。即使消除所有真正贫穷的情况,其结果对于,打个比方,大学里工人阶级的比例的影响仍是很小的。第二,如果我们的社会是一个贫困问题严重的社会,那么为什么我们认为"不分流"的综合性大学、"开门"大学等等会对我们的社会有利?事实上,人们可能会从相反的方向寻找补救措施——就像大部分非常贫穷的第三世界国家做的那样,他们的教育具有高度的选择性和有意的混合性。我们在第一章中讲到,Rawls 愿意推迟执行"差异原则",因为当贫困问题过于严重时,人们最应该做的是增加总体财富而非专注于财富的"公平"分配。人们可能会觉得,正是出于这种考虑,即便是最呼吁平等主义的第三世界国家领导人也会同意将教育资源集中于培养训练有素的工程师、医生等等。第三,也正像我们在第一章中提到的——谴责(可减轻的)贫穷和剥夺根本不是平等主义者的特权。穷人的问题在于他没有钱——而不是他的钱比别人少。在某些情况下,平等化可能会消除贫困,但它并非我们这个国家大力减少贫困的重要武器。就像平等主义者们不停地提醒我们的那样:尽管贫穷在大量减少,"但二战后收入的差异……基本上还是维持原样,这给不平等的循环增加了一个机会"。[16]

眼下,我恐怕需要离题一下,就我最近言论的一个反对意见谈谈我的看法。(那些对这些言论感到满意的人可以跳过此处以及接下来的两段。）他们可能认为我的言论违背了 Robinson 所说的"现在几乎达成一致的共识是贫穷不是绝对的而是个相对的概念"。[17]我的言论是否与这一观点背道而驰取决于现在几乎达成一致的共识究竟是什么。当然，"贫穷"的标准是不断改变的，而且随着时间的推移，这些标准会变得更加随意，以至于一些之前不被认为是穷人的人现在会被看成是穷人。这样做的部分原因是因为"贫穷"是个效果词，它能让人们注意到那些想要他们得到帮助的人——因此，称那些按照现行的标准并不真正贫穷的人为"穷人"有着战术上的优势。这有助于标准的改变。还有一部分原因是因为词语是个坚固的设备：如果它们无所指，它们就可能面临灭绝。面对这个威胁，词语通过那些能为它们所用的标准来保持自身的活力。这些标准随着现实情况的改变而不断变化，而这些现实情况本身就有可能让词语失业。但是我担心 Robinson 所认为的"几乎达成一致的共识"指的是某个相当不一样也更加可疑的东西。

人们似乎通常认为"贫穷"总是指相关人群中相对而言最穷的 X％（10％？15％？），在这个意义上，"贫穷"是相对的。否则，将很难理解 Robinson 的观点，即根据贫穷的"相对概念"，哪里有财富的不平等，哪里就有贫穷。从技术角度而言，"贫穷"是一个形容词，只能做定语，不能做表语。也就是说："一个贫穷的 X"始终指的是对于一个 X 而言是贫穷的东西，而非既是个 X 又是贫穷的东西。（"大的"是定语：一只大鲤鱼指相比其他鲤鱼，这只算大的，而不是指一个又大又是鲤鱼的东西。与此相反，如"正方形的"这个词：一个正方形的图案指的不是对于一个图形而言是正方形的东西，而是指一个既是个图形又是正方形的东西。）但是，这个想法不合情理。如果"贫穷的"和"富裕的"纯粹是个定语，那像"贫穷的百万富翁"或"富裕的乞丐"这样的表达就不带讽刺意义了——而实际上是带的。当然有些百万富翁的确是贫穷的（他只有 1 000 001 英镑），有些乞丐的确算是富有的（他睡觉时不仅有报纸还有毯子盖）。再一次，把社会上最不富有的人称为贫困人群将纯粹不过是一种同义反复——当然实际上不是这样。如果最不富裕的人都和 Croesus 一样富有，那么这个说法肯定是错误的。不用说，听起来像个深刻的社会学真理的说法——"没有平等，贫穷在所难免"——会以一种无聊的老生常谈的面目出现。如果"穷人"指的是那些拥有的东西比别人少的人，贫穷当然是存在的。（将与生活水平相关的"穷"和"poor 小提琴手"或"poor 演讲

者"中与质量相关的"穷"进行对比很有意思。"穷"在此处纯粹是个定语。一个"poor
演讲者"指的是一个演讲得很糟糕的人,而非一个既说话又糟糕的人。)

　　"穷"是指那些无法满足某些需求的人。你可能会说,这并没有什么用啊,因为需
求这个概念难道不是个"相对的"概念吗?当然,"需求"和"贫穷的"一样,由于它所依
赖的标准变得越来越随意,以至于今日的一些需求,对穴居人而言,已经属于奢侈品
了。但是,如果对此反应过激,认为"需求"是最穷的 X% 无法得到的任何东西,那就太
愚蠢了。否则,重复一下,"贫穷的百万富翁"这种说法就毫无讽刺意义了,然而这个百
万富翁之所以"贫穷"是因为他买不起某些东西——如第二艘游艇——而比他更富裕
的阔佬朋友们却买得起。显然,哪些想要的东西可以算是需要的东西,这里面是有限
制的。可以算是必需品的东西包括各种各样的需要:营养、卫生设施、住房、社会交
往、娱乐,以及方便的出行。当我说当今的英国贫困相对较少时,我的意思是说现在几
乎没有多少人无法满足这些需求。事实上,我们的福利状况是不允许老百姓连最急迫
的需求都无法满足的。

　　值得强调的是,如果有人真的要以故意相对化的方式使用"贫穷"一词,那么目前
的贫穷就不再有什么可以让人抱怨的了。特别是以这种方式所理解的贫穷与其在某
种学校的表现之间的关系,关于这一点就没有任何值得抱怨的。更确切地说,这种抱
怨现在会预设一个平等主义者的责任,同时也做不了任何事情来证明这个责任是正当
的——因为,正如我们刚刚所看到的,这般理解下的贫穷是对不平等所下的定义带来
的结果。

　　总之,平等主义者的抱怨仍需要一个定性;因为我们已经发现这些数字可能反映
的一些问题并没有切中要害。我们急需对两大类评论家进行区分:其中一类评论家
抱怨选择性教育,认为它从根本上说是对社会阶层的一种更深刻的普遍反感所发挥的
作用;另一类评论家在抱怨的同时接受明显的阶级差异,这种接受还不一定是不情愿
的。其中一类评论家对教育的批评从属于一个针对社会阶层的范围更大的批评;另一
类评论家对教育的批评则与任何此类的普遍批评都无关。

　　对于第一类评论家,我不想多说什么。因为我不想卷入对阶级社会优缺点的评论
中;所以我将只会说明:如果这些评论家对教育的批评真的从属于一个针对社会阶层
的范围更大的批评的话,那么它作为一个针对质量混合型教育的批评,就完全没有命

81

中目标。这一点在上一章中肯定已有太多的暗示。正如我前面所言，Scholesia 完全可以是一个没有社会阶层的国家（撇开教育不谈，这是一个"Rawls 思想的天堂"）——然而 Scholesia 也可以是一个进行选择性质量混合型教育的地方。

要想对这一点进行讨论，就必须对不断出现的粗糙的社会阶层概念进行提炼。一个对教育的批评是否源自一个对社会阶层的批评，这想必取决于人们怎么看待这些东西，而且这些看法是带着一定程度的精确性的。当然，让社会学家强调该概念的模糊性太平常不过了，但是这不能成为一个理由，让他们总是或常常在使用该概念时不对它的含义做出应有的警告；或是在没有事先声明的情况下，在不同含义间左右摇摆。

通常，在日常的谈话中，一个人的教育背景是判断其所属社会阶层的条件之一。当人们这么做的时候，对阶级的反对就包含了对质量混合型教育的反对，这一点虽然无疑是对的，但却没多大价值——因为后一个反对自始至终贯穿于前者中。另一个普遍的趋势是将社会阶层与我们可能模糊地称之为"生活方式"的东西（我在第五章中会细谈）千丝万缕地联系在一起。在从足球场回来的路上吃着鱼和薯片，然后去公共酒吧喝酒，而你的妻子正一边玩着宾果游戏一边等你回来明天开车一起去海边——这种生活方式可能会让你被描绘成属于某一阶层。当然，也有人否认有不同的"生活方式"，类似刚刚举例的那种——当然，一个相关的反对意见将在下一部分讲到。然而据推测，当下关注的并非这个意义上的阶层；如果是的话，所有那些表明进入语法学校的体力劳动者的儿子的数量是如此之少之类的数据和主题间的联系就变得含糊不清。

一个更具学术性的阶级的概念是马克思（Marx）所提供的那个——从生产和分配方式的所有权的角度给出的概念。资本家将他人作为生产方式；无产阶级一无所有，靠出卖劳动力为生。那些对阶级之分谴责得最为严厉的人们不断要求废除这个意义上的阶级，这些人通常是社会主义者。尽管马克思的名字经常被引用，但是我们很难看出这就是，或应当是充斥在以前面提到的那些数据为由攻击选择性教育的人脑中的那个阶级的概念。废除马克思主义意义上的阶级本身并不会消除专业工作者、文书工作者及体力劳动者之间的差异——也无法消除收入的差异。但是这些数字体现的实则就是这些区别和差异——而非生产和分配方式所有权上的差异。也可以这样说：假设所有的体力劳动者通过拥有所在企业的股份而成为资本家——实际上他们中的许多人都是如此。很难相信那些抱怨体力劳动者的子女在 A 类学校及大学遭到不平等对待的人会就此得到安抚——虽然据推测这绝不会是马克思主义意义上一个阶级的不平等待遇。

我们的第一种评论家所使用的阶级的概念肯定指的是从事不同工作的团体，他们有着不同的地位，最重要的是他们有不同的薪酬。反对这种意义上的阶级有几种不同的方式。它可能是反对劳动的分工，也可能只是反对专业工作者获得更高的薪酬——如果是后者的话，这种反对可能是针对任何一种薪酬差异，或只针对那些超越了"差异原则"许可范围的差异，或只针对超越了比那个原则更强的原则所允许的范围的差异，或……

当然，现在已经清楚，对于阶级的敌对，从相对意义上讲，不需要也不应该同时包含对选择性质量混合型教育的敌对。因为 Scholesia 不存在超越"差异原则"的收入或地位差异，故而 Scholesia 是"无阶级"的。然而，最后一章的全部重点就是赞成北校/南校体系的选择性质量混合型教育。（如果为了安抚极端的平均主义者的胃口而让 Scholesia 式的平等在地位和收入方面超过"差异原则"的要求，这也不会改变什么。）

很简单，这里的要点在于：如果你反对的是社会阶级，那就消灭社会阶级。没有理由同时也消灭选择性质量混合型教育。唯一可能的答复可能是这样的教育体系有助于创造或维持不同的社会阶层。但是，鉴于现在"阶级"的含义，这是一个非常不可信的答复。毋庸置疑，像北校/南校这样的体系将有助于确定哪些人可以做哪些工作，进而确定哪些人将获得怎样的收入。但是，创造出不同工种以及相对应的收入、地位差异的并不是这个教育体系。Coleman 报告和 Jencks 的研究都告诉我们这个重要的信息：教育领域的平等主义政策对减少收入差距几乎没有发挥任何作用。（有必要补充一下这些研究所传递的第二个重要信息：这些政策在确定哪些人将获得哪种收入上发挥的作用远远低于我们的想象。）

我们接下来讨论一下如何识别和评估第二类评论家的批评这一更为严肃的问题。这类评论家没有竭力反对刚刚讨论过的那个意义上的社会阶级，但尽管如此，他们却在不平等的教育中看到了阶级社会罪恶的一面；他们在其中看到了一张丑恶的脸，不只是不平等教育的脸；他们认为公平的教育体系在疆界纵横的阶级社会中是有可能实现的。

这些投诉——会在一大批作者中发现[18]——往往是这样的：不可容忍的是阶级

（工作/收入/地位意义上的）的刻板性和各种强大的社会势力。这些势力使得一个社会阶级里某一代的成员与其上一代很可能属于同一社会阶级。准确地说，这种事情之所以让人难以忍受是因为这是个社会事件，而非自然的必然性的结果。造成这种刻板性的一个最强大的，故而也是最不可容忍的做事方法之一就是一个选择性质量混合型的教育体系。大体而言，进入更好的学校或更高的社会层次的确建立在能力的基础上——但是来自不同阶层的孩子们获得相关能力的机会却有着重大差异。通过在学前和在校期间赋予孩子优势，来自富裕的社会阶层的家长增加了其子女获得那些能力的可能性，从而最终使得他们的下一代有可能继续留在这个阶层。我认为这是一个常见的不满的来源——虽然它可能因为 Coleman 及 Jencks 的研究成果而有所软化。

在处理这个不满之前，有两个（相当重要的）题外话需要说一下。首先，有一种"社会阶层"的意义，在这个意义上，该不满会被看作是对阶级存在的一种攻击。当我们说美国是个"无阶级的"社会时，通常并不意味着人们在收入和地位上的差距不大，而是说社会的"流动性"非常高：出生于某一阶层（更早意义上的那个）的人不太会像在旧世界（the Old World）那样一直留在这一阶层。当"'社会阶层'的适当含义是什么？"这个问题让人们觉得有意义时，那样的日子已经一去不复返了；所以让我重申一下，从当下的目的出发，我将用这个术语来指代做不同工作的、有不同身份地位和报酬的团体，"流动性"则不考虑。其次，那些想消弭以上那个不满的人常常都会挥舞着"平等的教育机会"这一旗帜。例如，Crosland 根据获得智力及其他教育相关能力的可能性来定义"机会"；因此，对他而言，阶级社会中的选择性体系内的教育机会肯定是不平等的。由于前面章节所述的原因，我将不用该术语讨论事情。我只想问：如果在一个体系下，富裕的父母无需担心这种体系会被诟病为一个机会不平等的体系就可以增加其下一代教育和职业成功的可能性，那么这个体系是否存在问题呢？

富裕的父母拥有并实施这一权利，这是否应该是个不证自明的错误呢？如果有人是这样认为的，我不知道该怎么回答他们，我所能反驳的只是其他许多人都不这么认为。（根据"不证自明"的含义，这可能是一个很糟糕的答复。）但也许下面的反思会有点帮助：除了 Erewhon 以外，没有人反对儿童享受他们应有的权利，其中一部分是因为拥有那样的父母从而拥有的权利。例如，身体健康，外表迷人。没有人认为因为其他孩子的父母没法提供这些条件，有条件的父母的孩子就不应该利用这些优势去游

泳、与异性约会等等。可以肯定的是,健康及其优势与教育及其优势之间存在差异。　85
但是,如果所讨论的这个内容存在争议——即孩子因为父母的地位在教育上获益是否
不妥——则必须进行说明。这样的差异,如果有的话,也是很难发现的。

　　确实是时候回应这些攻击了,并且发起一个我确信我们的批评家还无法应对的挑
战。在第一章中,我引用了 Nozick 的观点来说明如果我们指责一个分配方式是不公
平的,那么我们有责任解释清楚是什么问题或什么样的不公正导致了那样的分配方
式。尤其是,如果我们要谴责中小学、大学或流派内社会阶层分布的不公,那么我们的
责任就是指出在制定那种分布方式的过程中有哪些不公正的因素最终导致了分配不
公的现象。显然,一个社会阶层的孩子在某种学校中所占的比例过多或过少并非魔法
带来的结果。仅凭某人有个有钱的父亲这一事实并不能解释为什么他最终进了语法
学校。

　　那么,一个人是如何通过其父母所属的社会阶层来增加自身获得教育相关能力的
可能性的呢? 和 Nozick 的看法类似,我的观点是:除非你能够在这个过程中发现错
误,否则就没有权利抱怨结果的不公正。当然,在这个过程中有很多因素发挥作用。
然而,在那些因素当中几乎毫无意义的是那些昂贵的补救措施——例如私人教师——
这些东西显然是为提高孩子在选择性体系中的机会而购买。最重要的因素不是那些
为了选择而购买、计划或安排的东西。正如 John Lucas 所强调的那样,能够唤醒并保
持孩子的兴趣和性情直至让其发展成孩子的学习能力,这样的事情太过多样,太不可
预测,太多时候就是多看一行书或多画一幅画这样的偶然机会。所以计划这种事只有
在一个非常有限的范围内才是可行的。[19]一个孩子之所以会拥有教育上的优势主要在
于他们被带入一个可以激发、培养和强化其自身能力的地方。这个过程中的许多因素
至少是可以原样不变地识别出来的。首先,这里面包含他父母的行为——特别是他们
的语言行为。如果其他条件相同,专业人士的孩子将会发现自己处于一个丰富的语言
环境之中;在这种环境下,孩子甚至有可能无意间收获一些这样那样的信息,听到一些
能激发其学习兴趣的故事。其次,他的父母能够为他提供这样的生活环境——有书,
一间自己的房间,大量(希望是)有启智意义的玩具等等。最后,非常重要的是——我
要用一句糟糕的行话——还有这个孩子的"同龄群体"。通过与拥有类似优势的小朋　86
友做朋友,一个动态的相互作用的关系就会得以建立,这其中每个朋友都能进一步激

发和加强另一个人的兴趣和热情。从像《铁路少年》这样的书中我们可以看到好奇和学习在一群热爱学习的小朋友中间传播得有多快。

这些解释都非常简要：许多其他因素无疑会被提及，但我认为其中绝大部分——例如出国旅行（注意，不是日光浴那种）——都有一个共同的特点，那就是让孩子增长见识。现在我觉得不可能明白这一切应该会有什么问题。因为其他父母少言寡语或说话不够流利，语言能力强的父母就应该缄默不语吗？因为其他父母买不起书或玩具或是更愿意把钱花在其他地方，有能力支付的父母就不能买这些可能会给他们的孩子带来教育利益的东西了吗？难道父母应该确保他们孩子的朋友圈里有少量愚笨一点的小朋友，从而压制一下自家孩子那本来可以上涨的知识活力吗？这些问题，我希望，他们先自问一下。

平等主义者喜欢给人以如下印象：有优势的小朋友的能力是花钱买来的。但是，我们看到，这纯粹就是个谎言。如果在一个体系里面，那些通过选拔考试的人前几周都为了应考而上了昂贵的"强化训练补习学校"或请了家教辅导，那也许有人会反对这一体系。但显然，真相并非如此。

当然，如果选择性质量混合型教育由于一些独立的理由而应受谴责，那么每个父母给他们的孩子带来优势这件事中父母并未做错什么这一事实并不会证明该体系的正当性。但是前一章中，我已经努力说明这种可以用以谴责该体系的独立的理由（至少是平等主义类型的）并不存在。我在前几页中一直在考察这样一个想法，即使这样一个体系是合理的，然而考虑到体系内各个社会阶层在各领域中所占的人数比例太多或太少，这个体系也不能被容忍。但是，如果我说整个分配过程没什么是不合适的，如果我的这个观点是正确的，那么我看不出能有什么案例可以用来反对这样一个体系。

当然，每个人都希望所有的孩子都能在丰富的教育体验中成长——这个想法并不涉及平等主义与否。典型的平等主义思想要求——鉴于社会阶层的存在、资源的有限性以及有些父母实际上不会让孩子拥有相关的经历——富裕家庭的孩子不可以享受他们的父母能够给孩子提供的福利。但当这些要求包括让一些健谈的父母别说太多之类的事情时，真的有人会提议实施这个禁令吗？

我希望这个漫长的讨论并没有涉及臭名昭著的*自然与后天*（或基因与环境）这一问题。这很有意思。在关于选择性质量混合型教育的合理性的道德辩论中，这一论点看起来确实是和主题不相干的。假设有两个孩子，都是 10 岁，能力不同，并且第一个孩子得到其超凡能力的过程无可厚非，那么他们是否有着一样的先天潜能（无论这意味着什么）？这个问题与第一个孩子是否应该获准从其超凡的能力中获益这个问题是毫无关系的。Atkinson 太过温和地写道："即便人类的所有差异都源于社会，且它们会一直存在，那也并不意味着在制定社会政策时应该考虑到这些差异这一想法就是明显荒谬的。"[20] 毫无疑问，有人会抗议说，如果没有先天的差异，那么第一个孩子就不配得到他超凡的能力。（如果两个孩子间的差异是先天的，他会这么说吗？）在第二章第二节中，我已经努力分析过这样的观点。

4. 社会融合

总之，因为北校学生和南校学生都不是来自一个与众不同的社会经济背景——因为在某种意义上，Scholesia 是"无阶级的"——有一个不适用于 Scholesia 体系的平等主义的批评观点很受欢迎，但这一观点经常用于谴责现实生活中的选择性质量混合型体系。这一观点认为，这些体系中的中小学、流派或大学都体现了一种不充分的"社会融合"。

在一些人看来，要求"社会融合"只不过是重复本章已经讨论过的一个或多个要求。例如，它可能仅仅被看作是一种防止本阶级的人遭到歧视的手段而受到重视，据称，这种歧视会影响到就业市场：在真正的混合社会中，无论是校友关系网还是工友关系网都无法在幕后操纵一切。虽然一般情况下，无论"社会融合"在打破"不平等的循环"方面是否能发挥什么作用，它都是因其自身的价值而受到重视。当然，支持它的一些原因与阻止该优势代代相传并无多少直接的联系；我们不难想出一些有可能安抚本章前面提到的那些平等主义者然而却不满足"社会融合"原则的体系——例如，一个盛行"反向歧视"原则的体系。由于该原则的盛行，体力劳动者的孩子完全主宰了更好的学校。这种优势并非来自遗传，但也并不会促进"社会融合"。

也许，最好把那些要求绝对的"社会融合"的激进分子们看作平等主义者中的另类——因为他们的兴趣并不在于，或者并不主要在于商品（包括教育商品）是如何分配的,而在于培养一种生活方式,培养一个在他们看来友情和民主都真实存在的社会。(将这种需求放在前面描述的平均主义的大标题之下可能行得通——但我不会尝试。)

什么是"社会融合"?为什么任何人都觉得它是值得拥有的(除了作为一个实现其他平等主义目标的手段)?这个想法当然是模糊的,但其力量已足以用来捍卫大量各种各样的政策和措施,从琐碎的(大学生对贵宾席的反对)到严重的(学校教育综合化)都有涉及。有时人们所捍卫的政策是消除不同群体自由交往上的障碍——如当一个先前只对男性开放的大学开始对女性敞开大门的时候。有时更为激进一些,人们所捍卫的政策是鼓励甚至加强更大范围的交往——如通过"反向歧视",优先录用少数民族。这些政策的一个最小组成因素是允许或鼓励有关联的不同类别的人们之间有更多的身体接触。他们将被安排在同一个教室或同一个校园内,或鼓励他们到彼此家中做客,作为"社区学校"项目的一部分。但身体接触当然并不是重点。看起来,这么做的目的在于"了解另一半人是怎样生活的"。身体接触会让人熟悉"他人"的生活、兴趣、活动、品位或嗜好所在。这里的"熟悉"并不等同于"了解"——就像我对布匿战争"非常熟悉"中的"熟悉"的那种含义。那种熟悉往往需要通过阅读与"他人"有关的信息才能获得——正如你通过阅读 Evans-Pritchard 或 William Hickey 来熟悉一种异域的生活方式。

表面上看,人们想要的是一种分享"他人"的活动、爱好等的熟悉,一种"参与其中"的熟悉,而非一种冷漠的"旁观者"的熟悉。"社会融合"真正的信徒想要看到的是不同群体生活方式差异的减少,以及活动等数量的相应增加。通过更多的接触和激励,他们最终会融合在一起。因此,这些信徒通常会提倡的措施的重点在于——消灭差异符号。这些符号之所以要被消灭是因为它们作为约定俗成的障碍妨碍了人们的轻松交往,或者,更为含糊的原因是因为它们会鼓励差异感,而这种差异感会消融"社会融合"所要求的集体感。众所周知,校服通常被当作一个拉平式的装置而受到拥护,它让来自不同阶级的孩子没法像过去那样通过袖子来表明身份。

一个具有讽刺意味,甚至矛盾的特征也许值得一提,对"社会融合"的许多要求都有这一特征。有些在一个层面上属于对"社会融合"的需求,在另一个层面却属于对自给自足社会的需求。现如今,我们鼓励少数民族最大限度地发挥"伙伴感",从而成为无关阶级的"灵魂兄弟"等。但同时又鼓励他们最大化自己与他人之间的距离。"家庭"，即便是个"灵魂家庭"，需要包含"不是家人"的人。围墙内的障碍将被推倒，但围墙外的藩篱就要建成。

为什么人们如此热衷于"社会融合"？原因有很多，其中当然存在相互对立的原因。一种想法是呼吁通过增加对他人的了解让一类人获得"改进"。在美国"反向歧视"的案例[21]中这种看法很受欢迎，同时也与 John Dewey 的一些观点大体相同，这些我将在后面细谈。另一个观点认为，一个"混合的"社会——尤其是有很多混合型学校的社会——将是一个更加和谐的社会。不同群体之间的接触越少，共同参与的活动越少，他们对彼此的了解就会越少——这种情况下，他们更不太可能同意，或者是就他们共同面对的问题进行交流。

有时候，"社会融合"的原则集中出现在准哲学的社会理论中。这些理论认为，生活并没有得到正确的引导或"实现"，除非所有人都浸没在公有的环境之中。"公有"在这里有两种含义。人们不仅必须鼓励社区增加普遍共享的活动和兴趣，而且这些活动必须有益于社区。而且，人们应该把社区看成某个超越个人的实体：国家、民族、无产阶级，或其他。这种观点下的社会融合的"风格"看起来不会因为某个"共有的"目标而发生太大的改变。和自己的同事一起爬楚格峰，同事喊着"力量来自欢乐"，或者一群人一起到长江游泳——这种画面是类似且常见的。看起来，并非每一个思想家都会同意 Meredith 的观点："从一个不排水的沼泽出来时，身上冒着同一性的病气。"但是我并不关心这些令人兴奋的教义和哲学。

我将首先看看杜威（Dewey）的一些想法，这些想法将教育与"社会融合"紧密地联系在一起。《民主与教育》以教育的考虑为基础，包含了一个有关"社会融合"的真正的观点。对于杜威来说，"民主"至少主要不是指一种政治组织的形式，而是指一种社会形式，其中必须表现出两个特征。一个社会，如果首先有"更多的共享的兴趣点"，其次社会团体之间有"更自由的交往"，[22]那么它就更具有民主性。而且，正是凭借这些特点，民主成为首选的社会形式，因为它们为"任何给定的社会生活方式的价值提供了衡量标准"。[23]因此，我们毫不意外地发现杜威坚持认为应由"学校环境来平衡社会环境中的各种因素，并确保每个人……在一个广阔的环境里相互接触"。[24]只有到那个时候，教育才能帮助建立一个"利益……由所有成员共享"、同时不同社会群体之间的互动是"丰富且自由"的社会。[25]

90

照这样看，杜威的观点像是在他的"社会融合"意义上把讨论对象从民主的重要性转移到了某种教育功能的重要性上。但是在更深层次上，他想说明的是民主的价值——包括其在学校的表现——本身就是教育性的；这样，该论点就从讨论教育的价值变为讨论民主的重要性。这亦在情理之中，否则我们就没有理由说"社会融合"是一种"衡量社会生活价值的方法"。

杜威的核心观点在于，知识、学习、理解和沟通——教育的这些目标——出于程度和质量的考虑，都需要民主的生活方式。这不是，或主要不是因为民主提供了有利于教育的机制和环境。这是个概念上的观点：知识等事物从本质上要求民主的生活。没有后者，从逻辑上讲，前者就不会有任何程度的发展和繁荣。杜威认为学习就是要领会其中的含义，不是领会每个单词的意思，而是领会实践、事情、过程及事件等的含义。了解含义就是要学会如何去运用它们。因为意义来源于公共的社会用途。"正是一个事物在使用时的特征……给它提供了人们借以识别它的意义。"[26] 例如，椅子的意义在于可以让人坐。词语不只是通过在话语中被使用而获得意义，还通过让人想起它们所指的事物的作用来获得意义。所以，"那个懂得'希腊头盔'含义的人在精神上和那些使用这种头盔的人是一伙的"。[27]

故而，对杜威而言，私人的或个人的学习及理解是不可能存在的。Robinson Crusoe 可能一生下来就会分辨出什么是头盔，什么不是头盔，因为他会把头盔和非头盔分开摆放。但是由于他并不知道头盔对大众的用途，因此他并不明白他自己在做什么。如果他碰巧用他听到的"头盔"一词来命名它们，他还是不会明白这个单词的含义。[28] 同理，我可能接受训练从而对某种刺激做出身体反应，但我根本不会学到任何东西。要想真正明白其中的含义，我必须参与一些合作性的活动，在其中理解我的身体反应的含义。例如，只有当我明白我接球这一身体反应在一个联合的、有目的性的活动中所扮演的角色时，我才学会如何打一种球。

故而，杜威认为，教育必须包括将年轻人带到他们的群体所共有的活动之中。因为正是这些活动，也只有这些活动能够提供意义，从而提供学习和理解的素材。现在人们认为，教育会在一个彻底的民主社会中最大限度地发挥作用，因为从假设来说，这是一个有许多共有活动的社会。共有活动越多，被创造出来的意义也就越多；因此，可学习和交流的内容也会越来越多。

本打算就此继续下去，但不幸的是，这一假设是错误的。整个论点都是错误的，因为它对"更多共享活动"、"更大的共同兴趣"等之类的表达含糊其词。如果你把"更多"放在一个由一个形容词＋名词组成的名词短语前，你通常就会创造出一个句法模糊的表达。"更多"可能是修饰整个名词词组，也可能仅仅修饰那个形容词（从而形成一个比较级）。"穿上更鲜艳的衣服"可以指"穿上更多和你已经穿在身上的衣服一样五颜六色的衣服"，也可以表示"穿上比你现在穿的衣服颜色更鲜艳点的衣服"。同理，要求更多共享的活动可以指要求更多可以共享的活动，也可以指要求活动更多地被共享（例如，更广泛地被分享）。只有当要求被解读成前一种含义（"更多"作为一个量词修饰活动）时才可以用杜威对知识和学习的分析来佐证。因为这一分析旨在说明一个人学习的范围可通过参与——直接也好，间接也罢——更多集体性的活动来增加——因为他会在参与过程中接触到新的含义。不幸的是，只有当要求被以第二种方式（"更"被看作一个形容词性的修饰语）解读时，它才意指对民主化和"社会融合"的要求。因为只有这样理解，要求的意义才是指越来越多的人应该共同参加同样的活动。

两件事情很清楚。首先，第一种意义上的对更多共享活动的要求并不会涉及第二种意义上的那种要求。正如有人可以穿上更多五颜六色的衣服，而无需穿上比他现在的衣服色彩更丰富的衣服一样，一个人可以扩大他可参加的共享活动的范围，而无需去参加比他所参加的活动有着更大的共享范围的活动。其次，杜威自己对此谬误颇感愧疚。因为我们看到他由声称应该要有"大量的……可让人们有意识地分享的兴趣爱好"，转而提出应该要有"可让一个群体的成员共享的兴趣爱好"这一相当不同的观点。

不仅一个要求不是由另一个要求推导而来，我们还有充分的理由认为两个要求是相互矛盾的。一个旨在鼓励那些每个人或大量的人可以团结起来参加的活动或兴趣的政策肯定会与旨在鼓励大量的活动和兴趣的政策发生冲突。因为能够激发普罗大众热情的活动不太可能很多。人们有理由认为，这是一个高度碎片化的社会，其中有着数量不一的阻碍人们"充分且自由的"交流的障碍，而只有在"充分且自由的"交流中才会有最大数量的活动和兴趣。

我的观点也许再明显不过了，是与沟通相联系的。杜威似乎认为，由于沟通需要

92

沟通者参与共同的活动，那么分享得越多，沟通也会越多。这就像说，由于伙伴间必须拥有各式各样的共同特征，那么他们的共同点越多，就越可能成为伙伴——一个正常人对其未来的伙伴的胸毛以及低沉声音的反感就足以将这个说法推翻。不仅这个看法是错误的，杜威的结论显然也是错误的。考虑到我们每天成功的交流所需的分享的最小数量，进一步的沟通要求人们的兴趣和活动有更大的多样性。因为这样人与人之间可交流的内容就更多了。为什么都说着一样的语言，都可以进行日常的对话，但那些有着极不相同的、往往还是隐晦的、独享的兴趣的人却能够彼此交流这些兴趣，这是个复杂且引人注意的现象。但可以确定的是这种情况确实存在。[29]

93　　我之前说过，杜威认为在民主的环境下不仅仅是知识等的范围会增长，它们的质量也会提升。我的观点目前还未涉及这一点。同样，杜威关于质量和"社会融合"的言论是相当不可信的。在讨论有着严格阶级区分的社会的文章中，他这样写道："影响上等阶级的问题少了些物质性，也不那么容易被感知到，但同样是真实存在的。它们的文化往往是枯燥乏味的……它们的艺术成为一种炫耀，而且虚假不堪；……它们的知识过于专业化；它们的礼仪繁琐挑剔且不人性。"[30]他是否真的认为伯里克利时期的雅典、文艺复兴时期的佛罗伦萨、伊丽莎白一世时期的伦敦或是"维特根斯坦的维也纳"的特点都是枯燥的文化、花哨的艺术、过于专业的学习以及过于繁琐的礼仪？他是否真的认为Zdhanov要求Prokofiev写的易于用口哨吹奏的曲调是"枯燥的"，电视上的大众文化节目是"真实可靠的"，或者波尔布特的礼仪彻底混合了柬埔寨的"人性化"？

　　很明显，如果想找到一个合适的理由来确保在学校里实行"社会融合"，我们必须另寻他法。最常听到的理由是为了实现社会和谐。认真地说，和谐指的是会带来严重后果的冲突基本消失。这种冲突要么没有发生，要么是失去了其存在的环境或方式。这种设想的和谐是人们相互理解所孕育的结果。人们对彼此的目标、问题及观点越理解，人们越不可能因不可调和的冲突而分裂。更进一步地推想一下，相互理解需要更多地接触，理想的话，还需要更多地参加众人组织的活动和兴趣。

　　这是几代政治思想家所讲的故事。民主，作为一种政治组织的形式，往往是以此为基础而提倡的，因为民主正如人们所说的那样是一个体系，这个体系里虽然存在差异，但可以在政治体不受伤害的情况下进行协调。[专制统治经常因为同样的原因得到支持：在一个和谐的整体中，我们需要一个"铁人"把人们焊接在一起。卢梭 (Rousseau) 设法引用这两种传统，这并不意味着他的观点是不一致的：如果个人意志没有融入他们自己集体的意志，那么必须要有人——"神圣的立法者"——替他们去做这件事。〕

故事继续，如果人们是在预设的相互理解的环境中长大的，那么实现社会和政治和谐会变得容易得多。因此，有必要在学校实现"社会融合"——从而早日拆除那些可能会威胁社会和谐的障碍，而社会和谐是文明社会的先决条件。例如，据说如果来自不同宗教背景的年轻人在上学期间更加充分地融合的话，那么爱尔兰的"烦恼"就不会那么严重了。

否认这个故事中有正面意义的元素是愚蠢的。一些理解的失败及其之后的冲突，部分源于缺乏接触和认识。那些最初看起来可笑且下流的"他人"的习惯，在更进一步接触之后，变得完全可以理解，甚至是值得称赞的。不过，这个故事太笼统了，而基于对理解与和睦的考虑，在学校里实行激进、彻底的"社会融合"的案例并没有得到证实。当然，如果要把支持我一直在阐述的看法的那个假设推翻，那必须是一个强有力的例子——那个假设支持选择性质量混合型教育，而在一个像我们这样的社会，这种教育必然会存在合理程度的社会性分离。

接下来我要推翻几个其他角度的观点——一些至少会让人对摇摆不定的"社会融合"政策犹豫不定的观点。这些观点并非绝对新颖的。它们中的大部分，在 John Lucas 那篇敏感的论文《论教育中的平等》中都已被优雅地表达了出来。

第一，如果假设增加接触、彼此间互相交往、在品位和外表上相匹配等正是培养和谐关系的团结感和集体感所必需的东西，那这种假设是错误的。无论是宏观还是微观层面，我们都可以看到很多由完全不同的且相互分离的群体组成的和谐集体的例子。漫长的封建社会既稳定又和谐，而同等社会地位的人之间却发生重大冲突。一个以骑士精神为信条的骑士需要和另一个有着同样信条的骑士战斗。当时的许多政治思想家确实遵循圣奥古斯丁(St Augustine)的思想，认为封建结构表现出了和谐，它是神圣秩序在人世间的体现。在一个更微观的层面上，人们认为传统军团体现了强烈的团结感和集体感——尽管它在权威和地位上有着严格的等级制度，而且还是"充分和自由的"社会交往的强大障碍。可以肯定的是，有例子表明存在着这样的组织：其成员之

94

间的相似性将他们凝聚成一个和谐的整体——如早期的工会，又称"秘密兄弟会"。在此我无法对其进行概括。和谐或集体可以通过成员间各异的目的和生活方式之间的互补得以蓬勃发展，就像它们通过成员间的基本相似性得以蓬勃发展一样。

95

第二，这个故事表明相互了解可促进和谐。反过来，拆除社会壁垒、增加共同的活动又可以促进相互了解。但是，在这里，我们需要注意"了解"这个概念。在某种意义上，如果我知道更多关于你的信息，我会更了解你——而这些信息我通常可以通过书本或其他信息途径获得。在另一个意义上，只有当我在生活中经常和你接触，我才能了解你。我能感知你的情绪，知道哪些情况会让你感到烦恼，什么时候你会觉得开心。正是在这个意义上，一个好妻子会比一群心理医生更了解她的丈夫。最后，有一种情感意义上的"了解"，大体上说，了解即同情。要想获得这种了解就要会共情。

大概只有最后一种意义上的了解才能直接用于促进和谐。我对你的目标、动机及行动越有共鸣，就越不可能无视你。现在我们没理由认为这种了解会由于第一种意义上的"了解"程度的加深而得到促进。我收集的关于你的虐待动机的信息越多，我就越不能容忍你的行为。在我看来，一般来说，第二种"生活接触"意义上的了解也不会提升同情和容忍的程度，虽然"社会融合"的号召者经常会做出这种乐观的假设。当然这还取决于谁与谁产生联系。亲密关系在带来尊重的同时也能滋生蔑视。社会人类学充斥着一些迷人的故事，讲的是随着时间的推移，野外工作者与原本陌生的人之间的关系越来越亲密；但是也有反面的故事讲述人与人之间滋生出敌意。Margaret Mead的萨摩亚人本可以过得很开心，但是后来与她一起生活的马努斯如何呢？马利诺夫斯基人不能容忍特洛布尼恩德岛人；如果一些人令人厌恶，那为什么与他们进一步接触会让人对他们产生宽容和同情呢？这一点尚不清楚。当然，与他们进一步深入接触也可能令他们比真实情况更让人厌恶。

当然，与熟悉感同生的敌意可能不是源于敌对对象的缺陷，而是那些表现出敌意的人的缺陷所造成的。在撰写本文时，媒体有太多此类的故事，讲的是综合性学校里工人阶级的孩子们对上流社会下一代表现出的残忍——其中最著名的要属"小小姐"（Little Miss Posh' case）案例。口音、行为举止和外貌上的差异不一定会因为混合而被淡化或遗忘；结果往往可能会使这些差异更加明显。也许工人阶级的孩子认为，对中产阶级孩子的"区分"或"冷漠"已令他们饱受痛苦。但我们的确应该考虑 Bantock

96

的担忧了，即"工人阶级在行为习惯上的粗鄙对于从小在一个不同的、更为高雅的环境下长大的孩子来说是很可怕的"。[31]

第三，过分迫切地要求在学校实行"社会融合"的政策会有另一种方式的适得其反。当被强制要求与他人在活动及兴趣上保持一致时，许多人往往会采取反抗的措施。在这种压力下，本可以成为一个个人主义者的人被迫成为一个叛逆者，反抗这种对于他自身以及他与其他人关系的可能的伤害。这也是很多著名的成长小说的主要内容——如 Musil、Alain-Fournier，及 Hesse 的一些伟大作品。个人主义青年所能做的那些能令他与众不同的事情的范围越小，他就越有可能只去做那些负面的事情——其结果也许就是成为"辍学者"或无政府主义者或少年恐怖分子。当然，著名的成长小说（*Bildungsromanen*）的故事通常发生在私立学校——神学类或军事类院校。但是，正如 John Lucas 提醒我们的那样：

> 综合性学校的分裂性可能比公立学校或语法学校所称的分裂性还要大得多，因为平等主义的意识形态否认人们做一个与众不同的人的权利，而综合性学校里却强制实施这种意识形态。这容易激发那群想与众不同的人们更大的憎恶，这种憎恶比强迫那些从众者与他人不同招来的憎恶要深得多。[32]

最后，还有另一种方式会导致一个热情的"社会融合"项目事与愿违，而且这样做所导致的分裂可能比那些即将失败的分裂更为凶险。正如每个优秀的煽动者或独裁者都知道的：实现和谐与团结的最有效途径并不是强调社区成员之间相似之处，而是要强调社区整体间的不同之处。为了抵御某个真实或虚幻的共同敌人，整个国家或整个社会都被凝聚成一个整体这样的例子没必要重复了。规模小点的例子，足球场上，X 球队粉丝的集体狂热并不是因为他们都是 X 队的粉丝，更多的是因为对面看台上 Y 球队的粉丝的在场。

这种团结的强大趋势，尤其是当人们团结起来一起反对某件事时，会在教育领域造成危险的翻转，这种情况也许经常发生。有一种危险是企图通过强调年轻人的共同点——特别是他们的年轻——来把他们团结成一个大家庭。但只有当一种反对"非年轻"的意识能被激发出来时这才能成功。正如 Lucas 再次表示："强迫年轻人保持平等的最终结果可能是年轻人在一种对中年人的普遍憎恶中找到一种团结，而这些中年人始终以平等的名义坚持把他们看作一个集体而非独立的个体。"[33]平等主义的教育政策与这么多年轻人信奉的破坏偶像主义会完全无关吗？会与他们对传统价值观的愤慨嘲笑完全无关吗？会与他们对那些寡廉鲜耻的、奉行一种漠不关心的、油头滑脑的虚无主义的"流行歌手"的追捧完全无关吗？另一个危险是，如果我所提到的趋势和我们害怕的趋势一样强烈的话，那么企图消除群体间一些常见的差别最终只会在学校里制造出新的更令人担忧的分裂。一波未平，一波又起，刚解决了一个问题，新的问题又冒了出来。当运动被那些鼓励不论社会阶层等因素所有的孩子都可以参加活动的人当作一个拉平的装置时，我们可以将其作为一个不太严重的例子。如果我的学校经历还管用，那么我可以说太过彻底的集中会导致一个新的"流放"阶级的出现——那些运动"笨蛋"很容易成为那些已经在运动场上结成团体的人的攻击目标。"杂草"更可能指的是这些被嘲笑的人，而不是指竞争方的成员（现在更多是称之为"右边的人"）。举个严重点的例子：在一个严格的"社会融合"项目中，学术成就必然是一个会被淡化其重要性的美德——部分原因在于额外的成就大量地集中于某一社会阶层，另一部分原因在于整个"融合"（例如没有阶级之分）的概念是喜欢平均的。这样的结果可能是那些坚持"学术"的人成为被反对的对象，变成学校的"灰色人"。学术成就被打压得越低，突出的学生就越会成为"另类"，而我们知道另类是会孵化偏见的。

前面几页所提到的一些考虑至少告诉我们，在教育家们以"民主"、"博爱"和"平等"的口号为基础在学校盲目推进"社会融合"的政策之前，对于这些政策的彻底执行所带来的后果，无论是短期的还是长期的，我们需要分析研究的都还有很多很多。

本章篇幅很长，它所要阐述的重点是在 Scholesia 模式中引入"真实生活"的因素并没有推翻这个支持选择性质量混合型教育的案例，该案例在前一章中已做过阐述。

附录：私立教育

我把对私立教育的讨论推迟到附录来进行是因为我觉得这不是个大问题，或者说这是个次要的问题。诚然，随着越来越多的父母对综合性学校感到不满并转而将私立教育当作他们的最佳选择,讨论这个问题确实越来越迫切了。十年前,孩子的父亲一定乐于看到自己的孩子去当地的语法学校学习,但是现在他不得不在当地的综合性学校和语法学校之间做出选择,去综合性学校意味着他们需要搬家,并且支付孩子的学费。随着人们(缓慢的)日益增长的财富,这个问题预示着私立教育的不断扩张。我之所以推迟到现在才讨论这个问题正是因为私立教育涉及一些相当特殊的因素,而我并不想让文章因为充斥着对这些因素的定性和说明而变得冗长。

让我从三个基本的要点说起。第一,当我说到私立教育时,我脑中并没有哪一种特定的机构——如,校长会议学校,或直接拨款类学校。父母付钱让子女在各种各样的机构中接受教育,我所关心的正是这种收费的正当性,而不是你交钱去上的这些机构得到了谁的支持或受到了谁的反对。第二,我明确地认为私立教育的水平高于平均水准。我的这一看法与现实情况有多一致,我并不清楚——但我确实认为我们的一些私立学校提供的是一流的教育。到目前为止,我是出于一个大家都熟悉的原因而提出这样的看法,这个原因也给了平等主义者一些借以谈论平等的素材。如果只有私立学校才拥有很多的 Dotheboys 大厅或 William Morris 的“男孩农场”,那么私立学校当然应该被取消。平等主义的观点也不会出现在这个案例中。父母没有权利——或者说,如果有的话,父母也不应该被允许行使这种权利——为一个腐败的教育买单。第三,我不会触及所有,甚至大部分支持或反对私立教育的观点,因为它们与平等主义的案例没什么关系。例如,针对 Anthony Crosland 反对公立学校的观点,我没什么可说的——其观点大意是,虽然公立学校对国家的发展也许有过帮助,但如今它们却培养出假“绅士”去管理工业或掌管一个政府部门。

我的兴趣在于识别出平等主义者对于私立教育特别的反对意见。即便是那些不反对选择性质量混合型教育的人也常常怀疑私立学校可能更好。而那些反对选择性质量混合型教育的人似乎对需要父母支付费用才能拥有一个好的教育体系怀有很深的恶意。不出所料,对于这种恶意是出于怎样的原因,他们并没有给出明确的说法。但是除非有特别的异议,否则私立教育即便实际上并非因为我在文中所说的那些情况而应运而生,它也是得到这些情况的大力支持的。我的结论是选择性质量混合型教育是完全合理的存在,并且(在第三章)指出虽然一些父母,因为资金状况允许,能够通过一些方式——如给孩子买书——让孩子获得更多教育上的利益,但这并不与我的结论

99

相冲突。如果没有特殊的反对的理由,那么很难理解如果大家认为父母以那种方式让其孩子受益是正当的,那父母花钱让自己的孩子上一所好学校这种让孩子受益的方式又有什么不妥的呢?

和前面一样,我将首先撇开和私立教育有关的一切社会经济因素来分析这个问题,接着再将得到的结果与加入社会经济因素后的结果进行比较,看看存在哪些差异。有关私立教育的公文,例如1944年的"弗莱明报告"或1968年的"公立学校委员会"报告,因为在讨论教育类问题时常常混入社会经济的因素,导致阅读起来很是压抑。(也就是说,前一个考量努力地在其中争取一席之地。例如,我们可能已经想到,一个支持私立学校的相关的理由可能是私立学校特别适合能力强的孩子。但这在1968年的报告中却被轻描淡写地忽略了,该报告要求向所有能力范围的学生开放更多的学校,并坚持私立学校不可以"搞特殊化"。规模小一点的学校可以例外:它们只需接收所有能力范围内四分之三的学生!)

所以让我们回到第二章所讲的Scholesia——那个教育体系与社会经济因素几乎完全隔绝的小国。然而,我们谈论的Scholesia在一个关键的方面已发生了变化。支持北校/南校体系的平等主义批评家曾经占过上风,但它现已被单一的学校中心校所取代——在这一模式下,唯一允许发生的教育质量上的差异是"差异原则"所允许的差异。然而,在短时间内,那些曾经或本可以在北校上学的学生的家长——那些本应成为北校学生的人——抗议了。他们聚在一起,集资贷款建了所新学校——Arctos,而后交学费让自己的孩子在那上学。(这需要他们花上比原先所缴的税大得多的一笔钱——因为公共体系下的北校在经济上是有优势的。但他们觉得多花的钱是值得的。)过了一阵子,Arctos变成了一个北校的复制品:例如,把原先的北校教师从中心校挖走,或把他们从已进入的非教育工作中挖走。

如果这种情况真的发生了,那么我发现无法理解在平等主义或其他什么的基础之上,能对Arctos/中心校体系提出什么反对意见,而且这些反对还能超越我所否定的对北校/南校体系的那些反对。更可能的是,反对肯定少了——因为现在没人会抱怨他们被那些过多地用于北校人的利益之上的税收"剥削"了。

这很重要,因为它表明对于私立学校的反对不仅仅是因为它是私立的。因为,如果"变得私人化"的结果仅仅是去复制那个业已存在的体系的话,那么对于这种变化就不会有什么特别的反对意见了。如果所有语法学校学生的父母在综合性的威胁下,决定花钱让孩子去语法学校的复制品学习,那么这样的做法就与最初的情况一模一样,要么是合理的,要么是不合理的。

但是,正如最后一句话所揭示的,我所描述的 Scholesia 模式存在着一个非常不真实的假设。在现实中,想把孩子送去 Arctos 学习的并不全是或仅仅是想要成为北校学生的父母们。这些父母中的一些人不愿意花钱,而一些本应去南校的学生的父母则愿意。结果必然是,用进入北校和南校所规定的条件(见第 33 页)来衡量的话,进入 Arctos 和中心校的条件将会是不合理的。中心校的一些学生可能比 Arctos 的一些学生更有能力从 Arctos 所提供的优质教育中受益。当然,对于入学条件可以在多大范围内偏离合理性是有限制的,因为如果太多本应去南校的学生进入 Arctos 学习,那么教育水平就无法保持在一个足够高的水平来服务于那些为了把孩子送到那儿学习而做出了经济牺牲的相当数量的父母。尽管如此,"去私立学校"仍然可以让人摆脱盛行于北校/南校体系中的合理的遴选。(当然,在任何实际的体系中,遴选时都会产生错误——但是我已在第三章第一节中试图解决这个问题。)忽视社会经济因素,这必定是分别存在于一个完全公立的和一个部分私立的体系中质量混合型教育之间的重要差异。这必定是平等主义者对后一个体系提出特别的异议的基础。当然,我对质量混合型教育的辩护是基于一个合理体系的遴选方法之上的。如果有新的特别的异议出现,那么这些辩词也需做出相应的改变。

那么,我们接下来要评估的是只有当遴选过程是相对合理时质量混合型教育才是合理的这一指控。这是非常不公平的,因为家长们付费意愿的不同会造成以下这种局面:最有能力从好学校中受益的学生没有上好学校,而上了好学校的学生并不是最有能力从中受益的孩子。如果这项指控是成立的,那么我之前的观点——父母在经济上帮助其孩子获得好的教育的做法并没有错——将无法反驳它。因为,我们可以说,即便从一个体系中获益的人不会因为这样做而受到非议,这个体系也一样是不合理的。也许,付费的父母就像马克思所说的陷入利润体系"漩涡"的个人资本家:该被指责的不是他们,而是那个允许他们这样做的制度。[1]

然而这项指控是不成立的,因为它含有一个名为忽略性的错误。它忽略的是:虽然进入 Arctos 这样的更好的学校并非完全合理,因为它是私立的,但是除了私立学校,你找不到更好的学校。对于理想商品的一个并非完全合理的分配,只有当它可以被一个完全合理的分配真正取代时才应受到谴责。当唯一的替代方案是销毁这个理想商品时,我们显然更应该选择部分合理的分配方案。也许面包应该给最需要的人;但如果我们因此就反对人们自己做面包那就非常荒谬,哪怕这些面包并不总是给了最需要它们的人。同理,因为那些花钱去一个私立的医疗机构看病的人并不总是病得最严重的人就去指责这个机构,哪怕如果没有这个机构,治疗所需的医疗资源将不存在,这都是不通情理的。既然 Scholesia 的平等主义者通过废除北校/南校体系,已经取消了绝对合理地分配教育商品这一选择,那么 Arctos/中心校体系中的不合理元素也就没什么可反对的了。

关于我刚刚所举的医学例子,一个通常的回应是私营部门的存在对公立领域产生了负面影响。我不知道这在医学上有多大的可信度。在教育领域中,确实有理由认为 Arctos 的存在可能会对中心校产生轻微的负面影响——部分原因在于它录取了过多能力更强的学生,另一部分原因在于它从中心校挖走了一些更好的教师。但应该记住的是,联系第二个原因,许多教师宁愿离开这个职业也不愿在中心校教书——因此,在 Arctos 工作的一些优秀教师是那些本来会从这个行业消失的教师。(医学上也有类似的例子。除非可以证明在没有私立的医疗机构及其所拥有的资源的情况下,仍然还有一样数量的医生,否则我们不可以指责私立的医疗机构带走了很多公立医院的医生。)但是,Arctos 当然并不会通过占用大量有限的公共资源而在一些重要方面对中心校产生负面影响。人们假定北校在这些重要方面对南校产生了负面影响。

在本文的不同章节,我曾经(也许过于乐观地)说过,除非这样做可以大力帮助到那些贫穷的人,否则平等主义者并不想看到富人的地位恶化。如果是这样的话,平等主义者不会像反对北校那样反对 Arctos。那么不仅仅反对私立教育的意见会消失,而且平等主义针对私立教育的批评也会不复存在。

此时此刻,我们的评论家会不耐烦了,因为很明显 Scholesia 体系忽略了各种现实生活中的社会经济因素。最明显的是,在我们的社会,并不是所有的父母都有经济能力送自己的孩子去私立学校学习。(回想一下,在 Scholesia 体系中,财富是根据"差异原则"进行分配,那么我们有理由假设,如果有人可以负担学费的话,那么所有人或几乎所有人都付得起。当然,这并不意味着所有人都愿意支付这笔钱。)

但这一现象的重要性何在？人们通常会将此看作是从父母自由的角度对一个为私立教育所做的受人欢迎的辩护所进行的贬损。这一辩护掩盖了只有极少数的父母有送自己的小孩接受私立教育的自由这一事实，这样，取缔私立教育不会否定总体的自由，而只是剥夺了享有经济优势的父母的自由。

毫无疑问，这里有让人困惑的地方。[2] 有许多重要方面可以使每个人都让自己的孩子接受私立教育。说到自由，就和说到机会时一样（见 68 页），必须与具体的情况联系起来，因为一个人之所以可以做 X 是因为在我们所讨论的这个情况下没有相关的因素会阻碍他去做 X。例如，一名激进的工党议员，只要法律或宗教不反对，就可以送他的儿子去安普尔福思学院学习——但是如果这样做就会毁掉他作为一个激进派的信用度，故而他不可以这样做。当然，如果"自由"仅仅指的是"不受财务困境的阻碍"，那么并非每个人都可以接受私立教育的观点就成了一个毫无意义的重复。但是，在这种情况下如果因为有些人无法让自己的孩子接受私立教育，就断言他们经济上有困难，这在道德层面上也是说不通的。

故而，我们必须承认，告诉一个在经济上无法做 X 的人，他在其他很多方面依然是完全可以做 X 这件事，这对他而言就类似于颁给奥斯维辛集中营新来的人一面"劳动带来自由"的旗帜一样讽刺。这是为一个只有最富有的被告才能拥有资深的律师来帮他指出实际上每个人都有权拥有资深律师的这样的体系所做的无力的辩护。但这一案例与教育案例之间存在着重要差异。虽然每一个被控犯罪的人都有权请资深律师，但他并没有让这个国家最好的律师替他辩护的权利。我被指控犯了罪，我有权请一名有能力的律师为我辩护，但却请不到像 Clarence Darrow 或 Norman Birkett 这样的律师为我辩护。要请到他们，我必须支付一定的金额，这再合理不过了。同样，在一个文明社会里，每个孩子都有权利接受适当的教育；但并不是每个人都有权——也不可以有权接受最好的教育。（当然，这和说这个孩子无权接受他所上的学校在其资源等许可的范围内可以提供的最好教育是不一样的。他有这样的权利，正如我有权期待我那位不是 Darrow 的辩护律师能够为我提供其最好的辩护一样。）

在某些情况下，当以正确的方式阅读时，一些人应该有做或得到×××的自由这一原则只有当所有人都有这个权利时才是合理的。设想一下，只让那些在考试中患偏头痛的考生重考是不公平的，除非所有考生都可以重考。但在此必须把在被允许的条件下"自由选择"与有能力做某事区分开来。合理的原则是：如果有人被允许重考，那么所有人都应被允许重考。认为只有当所有人都有能力重考时，一些人才可以重考，这种看法是不合理的。它会带来一个荒谬的后果：如果一个犯偏头痛的考生出国了或者不能参加重考，那么其他犯偏头痛的考生就都不能参加重考。同样的道理，坚持认为如果有父母获许可以送自己的孩子接受私立教育，那么所有的父母都应获许这样做，这是说得通的。但如果这一原则说的是只有所有的家长都可以让自己的孩子接受私立教育，一些父母才可以让自己的孩子接受私立教育，那么这一原则就是不合理的，除非所有人都可以或是都不可以这样做。更确切地说，只有当一个人已经决定反对私立教育时，这一原则才是合理的。因为平等的自由这一原则当被如此表述时，预设的是一个反对私立教育的态度，故而无法用来支持私立教育。

毫无疑问，批评私立教育的人会想要强调许多其他的"现实生活"中的社会经济因素，这些因素在 Scholesia 体系中都不存在——但我认为这些因素不会提出任何从根本上来说全新的考量。例如，它会强调说私立学校通常不是"社会融合"的天堂，或者说私立教育和未来的职业和财务地位之间有着非常重要的联系。在某种程度上，只要一个人致力于"社会融合"，致力于打破学校教育与之后的社会经济地位之间的联系，那么他一定非常反感私立教育。我在第三章讨论过这个问题，对此我现在也没有什么可补充的，但是下面的观察可能有点用。

首先，虽然"老同学"关系网的遗迹毫无疑问仍然存在，但是进入 1968 年报告中称之为"社会中最重要的职位"的遴选显然越来越少地参考一个人是否上过私立学校这一事实。求职越来越看中一个人的资历条件。你也许可以挑战这些资历的标准——但那是另一回事了。此外，人们很难看出处理老同学关系网的唯一或最佳的方式是取消老同学这一 Augean 政策。

其次，一些陈腐的数据表明有多少私立学校的毕业生填补了"社会中最重要的职位"，然而这些数据的重要性其实是模糊不清的，除非同时还有信息说明哪些人想要填补这些职位。无论如何，人们当然期望看到大量接受过私立教育的孩子，凭借他们的教养及父母的期望，都有机会并渴望获得这些职位。这个简单但经常被忽视的渴望因素是若干个因素中的一个，而这些因素让人对废除私立教育将会打破那个从父母转移到了孩子的将来的"不平等循环"这一说法产生怀疑。

最后，虽然关于"社会融合"的考量会与特殊力量一起反对私立教育，但是较早前提出的一些相反的考量（第 95 页）在其他方面也有同样的特殊力量。例如，据估计，许多受过私立教育的儿童将像 Bantock 所说的那样，可能会被迫与举止粗鲁得多的孩子进行持续的社交——部分原因是因为有最新的证据显示，后者中有太多人对前者心怀恨意。

我认为这些观点表明，我们最好把私立教育看作充其量是对我们社会一般状况的一个相当生动的反映及体现。有些人认为我们的社会状况极为糟糕——因为他们发现，在我们的社会中，能找到什么工作取决于"你认识什么人"，孩子的未来常常取决于他们的父母是什么人，举止及兴趣上的差异导致不同社会群体间出现巨大的距离，这些都令他们反感。这些人，如果他们有办法，一定会取消私立教育，而且那些在他们看来是他们所痛恨的这个社会的反映的东西也会被他们一并消灭。当今社会上对私立教育的肆意攻击愈演愈烈，其言辞之尖刻已经超过了私立教育的真实情况，我觉得这是个古怪的现象。对私立教育的反对肯定只是对我们现今这种社会的一个更广泛的诋毁当中的一个相当附属的成分——如果它会到来的话，也只会发生在当那些在笔下和口中表达他们对社会的痛恨的人有能力推翻这个社会的时候。到那个时候，对私立教育的反对就会被付诸行动。否则，正如一位作家所说，它肯定会把斑点和麻疹搅和在一起。[3]

105

第四章
认识论的平等主义

1. 教育与知识社会学

大体上说,我们目前所遇到的平等主义思想都是在传统环境中形成的。本书第二章提出了那个熟悉的观点,即教育商品也应像其他商品一样进行更均衡的分配。第三章所讨论的话题都是我们的老朋友,分别是教育机会的公平、教育不应反映也不应促进财富的不平等,以及学校应当发挥"社会搅拌机"的作用。但是,本章和下一章将要讨论的话题并不属于历史悠久的平等主义传统,它们确实主要是从对传统的幻灭感中孕育而生的,并且在许多方面和传统抗争。

这些新型平等主义产生的根基是关于一些问题的观点,而这些问题目前我甚少谈及;这些观点包括一个良好的教育由什么组成、知识和真理的本质和价值,以及文化标准。由于这些问题之间的相关性可能还不太明确,所以到目前为止我很少谈及它们。在第二章中,我假设了一些一般来说没有争议的标准来定义教育商品,并且进一步讨论了教育商品的分配问题,这并非易事。而基本的道德问题和对知识本质的分析两者之间可能存在的关系,也尚未明晰。

当我讨论杜威的观点,即知识和学习的范畴通过"社会融合"有所拓展时,知识和学习的本质确实有过短暂的露面。这个露面颇有指导意义,因为杜威的观点确实向我们阐述了有些人可能会如何(在他的例子中是错误地)直接以认识论为前提推断出平等主义的结论。而本章中将要谈到的作者则希望能够远超杜威,把一个彻底的平等主义建立在有关知识和真理的本质的看法之上。我将这些作者戏称为"激进的知识和教育现实平等主义批评家",或者简称"Recker"。如果我告诉你们被 Recker 们尊为教义的是 M. F. D. Young 编辑的《知识与控制》(*Knowledge and Control*)一书,你们便都会知道我所说的 Recker 指的是哪些人。在我看来,可以说在目前的学术教育圈中,Recker 平等主义正在超过传统的平等主义。如果目前它尚未对教育政策产生重大影响,那是由于其极其激进的本质;但随着深受该思想影响的新一代教育专业的学生渗透到整个教育体系,有人担心这样的影响可能离我们不会太远了。(值得注意的是,从开放大学的教育学家所要求的课程读物中可以判断,他们似乎已经将 Recker 平等主义视为一种官方学说。)

在 Recker 们的学说中,平等扮演着两个不同的角色。他们对知识的激进批评不仅会产生出各种各样的平等主义要求,而且也正是他们在意识形态上对于平等的坚持才激发了批评并且使之持续下去。在最近刚出的一本 Recker 卷集的介绍中,编者明确指出他们的目的在于解释学校体系"为什么"拥有"使社会不平等长期化"的能力,而且说他们的目标群体是"那些自由主义者和社会民主人士",他们"无法理解自己力求普及的教育本身可能卷入了延续不平等这种他们想要克服的事件之中"。[1]他们所讲述的认识论平等主义的起源大致如下:直到最近(据推测是 1971 年,即第一个 Recker 宣言《知识与控制》出版时),对平等的基本要求始终是要求平等的教育机会以及要求更为平等地分配教育(如第二章所讨论的)。如上一章所述,为了实施这些要求所做的尝试——直接拨款、教育优先区(EPAs)、综合学校等等——都以失败告终,所期待的教育商品没有被生产出来。上流阶级和中产阶级的孩子仍然在"O"和"A"水平考试中表现更佳,大学依然是他们的地盘。面对这种情况,标准的"自由主义"反应始终是,要么大失所望地接受所谓的黑皮书精英主义,要么同样沮丧地意识到实施这些要求所进行的尝试需要远比目前更为先进的政策。Recker 们认为,这两种反应都被误导了,因为他们没有"意识到我们需要审视'什么可以算作教育'……同时审视盛行的教育的定义是通过何种方式维持着左派……希望改变[2]的那种形式的社会"。一旦意识到这个需求,故事就得以继续,人们便会知道和社会阶层联系密切的教育的"失败"恰恰正是教育、知识、智力等因素的标准所导致——并非是缺乏足够的社会工程而引起,设计这些社会工程的目的是为了将一个体系内受这些标准所管理的事件平等化。正如一位 Recker 领导者所言:"除非老师用以组织他们所了解到的有关学生的信息从而确定什么可以算作知识的那些范畴发生了根本改变,否则学校的创新不会太激进。"[3]

Recker 们相信他们对于"什么可以算作教育"所做的调查会生产出激进的平等红利,参考上文所说的情况,我们对 Recker 们的这一信念就没什么好质疑的了。然而,那些会带来这些红利的观点带有什么样的本质呢?答案并不简单,因为即便只是揭示这些观点的大致结构和内涵意义就需要写上几页纸。但是粗略地说,Recker 们的想法如下:知识社会学已经表明,什么可以算作教育以及它的各种化身是社会历史的结构及其定义作用的结果。因此,目前对于知识、真理,以及有效性的标准植根于特定的社会条件,缺乏客观性。许多我们牢固确立的教育措施,诸如基于学科的课程设置,预设了各种错误的知识观。因此,这些措施及其所带来的不平等后果有待废除。

在各种多少有点极端的形式中，就有《知识与控制》以及它最近拉拢的固定搭档《社会、国家和学校》（*Society*，*State*，*and Schooling*）的大多数投稿者所拥护的原则。相同的原则在其他知名的激进派文章——例如 Illich 和 Freire 的文章中也能找到。正如大量反对 Recker 的人士所指出的那样，这也是近年来社会学专业的教育学本科学生所奉行的主要原则。（从 Recker 的一个观察中，我们或许可以得到一些宽慰：教师所秉持的原则和他们的实际课堂教学之间往往没有什么联系。）[4]

上述非常粗略的梗概表明，Recker 的原则包含三个成分，即社会学成分、认识论成分和教育的成分。因为某些社会学的观点包含或至少支持大量的哲学思想，而这些哲学思想反过来暗示或强烈暗示了各种教育行为是毫无根据的。在一定程度上，我是在理想化这个问题——因为这三个成分与 Recker 们自身的严苛很少会被区分开来。[5]但是如果有可能进行评估的话，我们会发现这样的理想化或阐释至关重要；因为，坦率地说，我们正在谈论的文章过于模糊混淆、概念不清，无法为目的服务。实际上，我将阐释任务看作中心任务。在此，阐释清楚混沌不堪的原则将会带领我们朝着被批评家们拒绝的方向大步迈进。

我将从教育批评入手，顺序研究难度递增的三个因素。与其他做法相比，有三种做法最受 Recker 们抨击。第一，将课程划分为不同的科目或学科，以呼应不同种类的知识；第二，教师和学生、知识的传递者和接收者之间有着标准的、根深蒂固的区别；第三，整个评估机制，尤其是考试，将学生最终划分为成功者和失败者。

Recker 们强调和批评的这些措施中存在着一些明显或不太明显的不平等，这是值得我们三思的。教师和学生之间的区别及与其相随的不对等的权威关系，本身就是一种不平等的形式，而由此不可避免地产生了其他的不平等。据说，如果在抚养孩子的过程中坚信教师对孩子有合法的权威，那么我们是在培养孩子像成人一样去接受社会生活中的精英等级制。对 Illich 而言，"在一个教师与其学生相处的过程中，对于个人自由的捍卫全被取消了"。[6]同样，考试也滋生出一种远远不只是立竿见影的、众目昭彰的不平等。如果孩子考试不合格，他将无法以某种方式继续接受教育，可能还会感到自卑，这种态度将进一步鼓励孩子去逢迎社会等级制，而他却可能在这个体制中处于较低的等级。

对于许多 Recker 而言，这个案例中真正的罪魁祸首是上文提到的第一种做法——将课程划分为不同的学科,而这很大程度上成为其他几种做法的基础。每一门科目或学科的存在就意味着每一个学科专家的存在,继而,拥有某种权威的个人就会告诉别人什么事情应该怎样和不应该怎样,并且评估他们何时成功掌握了专家们所传授的知识。但是,这个行为存在着它专属的特殊的不平等后果。一则,某个学科的专家会组成一个专业圈子,他们嫉妒特权,也抵制来自下级的民主挑战。二则,无法归类到任何一种官方学科中的日常知识、街头知识和"民间"的知识在学校中将无立足之地,因此就会被视为低人一等。对世事的了解与在学校秩序、科目、主题等方面的体验两者之间的这种不连贯性对于工人阶级的孩子十分不利,因为据称他们的课外知识⁷格外丰富。

有人说,不平等现象需要正当理由。我们刚刚提及的不平等却找不到正当的理由自证清白,因为它们属于或者源于不合理的教育措施,而这些教育措施缺乏理性,据称是栖息在关于知识本质的巨大错误之上。这就是 Recker 们的立场。

要准确地发现包裹在该学说中的社会学观点更为困难。我认为其中有三种观点都来自社会学的两个重要来源。一个来源是从马克思一直到 Mannheim,再到 Schütz 和 Berger 的知识社会学传统,该传统从与之相关的社会历史条件方面对知识生活进行研究。另一个来源是现象社会学,强调在解释社会行为时,必须交代行为人自身赋予其行为的重要性。正如我们将会看到的那样,两种传统之间的关系可能会有些紧张,但是两者必须聚集到一个较为明显的程度。毕竟,社会学心理学家不可避免地必须关注行为人的知识,因为他们必须通过这种关注来对行为人的行为作出解释。因此,一些像 Schütz 这样的社会学家会将现象学的方法与对知识的社会条件的主要兴趣相结合,这么做绝非巧合。

在我对基于这些来源的观点进行概述之前,我要给大家一个忠告。我呈现的这些观点听上去相对温和,当然,比 Recker 们在演讲时所说的要温和得多。其中部分原因是我省略了它们常用的冗余夸张的术语,但还有部分原因是我坚持将这些观点和一些通常融合在文学里的激进的哲学观点区分开来。除非我们注意到这一区别,否则我们将无法评估该原则中的其他组成部分所应得到的社会学支持的力度。顺便提一句,我称这些观点为"相对温和"并非对这些传统思想的奠基人心存不敬,因为可能是他们非凡的远见——使得这些观点已成为了传统智慧。

第一个观点本质上是现象社会学的平台。（虽然这一观点的许多特点可以在上一章提到的 John Dewey 的观点中找到。）人们会对自己所处的自然社会世界进行积极的解释。人们划分世界的概念是自身活动的一种功能，并非是在精神放空状态下机械观察而来的被动印记。此外，由于社会行为通常是理性的——真正受自身信仰所引导——故而对这些行为的任何解释都必须诉诸那些积极创造出来的概念和分类。同样重要的是，当人们在进行分类时，他们通常赋予被分类的东西以内涵和意义，因为他们的分类方式与自身的兴趣和目的相关。例如，将某些东西划分为工具不只是对其进行概念化，还是在赋予这些东西一个与可识别的人类目的相关的意义。由此类推，带有不同目的的人可能已经以截然不同的方式对世界进行了概念化。这些观点多数在 Schutz 的一句话中都得以体现："对社交世界的所有科学的解释都能够，如果出于某种特定目的的话是必须，涉及作为社会现实源头的人类行为的主观意义。"[8]

第二个观点为多数有影响力的知识社会学家所认可。个人或团体所倡导的诸多信仰和观念，都是为提高自身的社会地位服务。在马克思这个例子中，他广而告之地宣称一个时代的主流思想是那些反映和推动了统治阶级经济利益的思想。之后的社会学家拓宽了马克思的思想视野，然而依然忠于他在思想的意识形态本质方面的基本观点。一方面，重点不再局限于信仰的经济阶级基础，包括教师在内的专业团体如何发展有利的意识形态也被纳入研究范围。另一方面，重点也不再局限于道德或政治观念。人们发现，知识社会学家如今正在对智力、精神错乱，或暴力等概念的社会作用进行研究。（我最近读到的"暴力"一词，意思是中产阶级的嘘声，指的是一种被客观地描述成拳头撞上下巴、靴子撞上腹股沟的行为。）

第三个观点，我们最好将其看作一个肩负着缓解前两种观点之间明显存在的紧张局面这一任务的观点。在现象学家所描绘的画面里，自由积极的人创造性地构建概念，依据的是这些概念赋予它们所处的世界的意义；然而在马克思和 Mannheim 所描绘的画面里，人们因操纵着某些概念和信仰——那些反映主要的经济利益等的概念和信仰——而遭受谴责。我们可以通过我们称之为"Coppelia"的主张或者更为正式的"具体化"学说，来一定程度地减轻两者之间的分歧。在那个芭蕾舞中，一位老者创造了一个玩偶，然后他相信这个玩偶拥有自己的力量和生命。而当一个农村女孩冒充这

111

个玩偶时,这种错觉却被无情地利用了。这种错觉产生的原因是:这项创造所承载的事实、权利和价值超出了创造者原本赋予该物的事实、权利和价值。这个创造变得"具体化"了。马克思认为,人们误认为金钱本身具备价值。概念、分类,以及标准同样会被"具体化",而且似乎也具备合理性、主观性,或者"外在性"(借用一个 Recker 最喜欢的表达来说),而这与事实不相符合,因为它们实际上仅仅是人们可以任意利用、修改,或丢弃的工具。因此,在某种程度上,现象学家的自由和马克思的冲动是一致的:人类的智力创造通过"具体化"这一过程,约束着他们未来的智力活动。

112 　　现阶段,我想就以上这些社会学观点和教育批评之间的联系谈谈我的两个看法。首先,我们很容易看出有些人想要建立什么样的联系。这样,当我们看到 Recker 们将把课程划分为各个科目看作是第三个观点中提到的"具体化"的例子时,便不足为奇。真正的人类发明在人们看来似乎是客观独立的知识体系。当人们发现中产阶级教师所采用的评估标准被指责反映了阶级利益时,同样也不会有一丝惊讶。其次,很显然,或应当显而易见的是,社会学观点绝不会牵涉教育批评。例如,我们可以认为课程科目是人类的发明,也可以同时认为由此产生的差异是任何合乎情理的课程设置都必须尊重的合理的差异——同时秉持这两种观点不会有丝毫的矛盾。虽然某些评估标准实际上确实提高了某些社会利益,然而这些标准是任何有理智的人都必须接受的有效标准——这样想也没有任何逻辑上的矛盾。(跳高比赛的规则有利于个子高的人,但目前尚不清楚是否可以认真地提出一些其他的规则。)当然,有些人或许只是因为某些利益遭到偏袒而想废除某个标准;但是这并非 Recker 们的观点。他们想要表明的是这些标准是毫无根据的。

　　我的第二个看法的意思是,如果社会学观点能够支撑教育批评,那么它们需要借助带有认识论性质的更深刻的观点才能达成这一目标。能够为教育批评提供直接支持的肯定是哲学观点。大多数 Recker 们已经认识到这一点而且开始赞扬那些能担此任的哲学观点。然而,也有一些不幸的例外情况。我们发现 Gorbutt 认为"一旦我们发现可以证明教育活动合理性的社会基础,某些教育活动就不再是绝对意义上合理的"。[9]这种情况下就需要插入一个缺失的认识论前提,从而证明拥有一个"社会基础"的事物不可能是"绝对"正当的。在这种情况下,Gorbutt 的观点便是个古怪的不合逻辑的推论。

2. 社会学和认识论

在 Recker 学说中找到哲学成分是一项艰巨的任务。令人惊叹的逻辑跳跃、艰深晦涩术语的频繁使用，以及对于认识论问题本质的懵懂无知，都给我们带来了重重困难。我首先将用 Recker 自己的话来呈现这些观点，然后再对其进行阐释。我认为作者的话实际上没有什么特别的真正含义，因此我对这些词义模糊的文字进行阐释的主要目的不在于了解作者的"真正含义"。相反，本着宽容的精神，我希望我的解释可以满足两条限制。第一，我希望可以理清这些观点，这样它们不会全都沦落为不合理的观点。第二，我希望可以理清这些观点，这样我们便能明白它们或许可以怎样合情合理地得到上文提到的社会学观点的支持。如果不能做出这样的解释，那么教育批评则完全取决于完全不合理的理由，或者该学说中的社会学成分就是多余的。不论是哪种可能，再怎么吹嘘知识的"新型"社会学将会如何如何奠定认识论的平等主义都是毫无用处的。

我在认识论的成分中（又一次）发现了三个观点，我将分别称它们为"主观主义"、"一元论"以及"相对论"。

（A）"主观主义"是对所谓"客观主义"的否定，它认为"个人意识把事物当作外在的存在"和"强制性的外在事实"。Esland 认为该观点完全错误。该观点认为，人不是世界的创造者，而是由世界创造的。这样的观点要被摈弃，取而代之的是世界是"人类创造的产品"这一观点；这个观点强调，人类主体是"事实的共同创造者；同时，事实的存在取决于它对社会持续不断的合理性"。[10] 我将回到之前提到的一个例子进行解释，在这个例子中，Young 对两个观点进行比较，一个是数学的"客观主义者"观点，认为数学事实独立于人类的信仰和建设之外；另一个观点（他将其归功于 Wittgenstein）则认为数学中只有"社会事实"，数学是一项"发明而非发现"。[11] 通过比较，Young 试图阐述前者不如后者。

（B）"一元论"，我将该理论归功于 Young，他对"绝对主义者认为与学术课程的传统领域高度相似的知识有其独特的形式"这一看法进行了抨击。我们应该把这些领域看作充其量是"某一特定时间的社会历史的构建"。[12] Gorbutt 认为："把教育视作知识的特定形式,这种表面上的不言而喻的论证已被戳穿,它实则是一个意识形态的说法。"[13] Gorbutt 的观点与这一主题是一致的。知识或者信仰是一个无缝的整体,然而每一个时代的思想家都努力人为地将其划分为不同的形式。

(C)"相对论"在 Recker 喜欢引用的 C. Wright Mills 的一段话中得到很好的阐述。"关于合理性和真理始终有,而且目前依然有各种不同的权威和标准,这些标准……是……有待社会历史的相对性理论的检验的。"[14] 或者,用 Esland 的话来说:"真理和合理性并不是绝对的,而是由某些关联和合理性生产出来的。"[15]

只有对于哲学不敏感的人才会认为这些观点都是明白无误的,尤其是第一个和最后一个观点。一方面,每个观点的范畴都很模糊。那些"被创造"出来而非"外在的"物体,包括棍子和石头在内,这些"物体"都是物体吗? ——在这种情况下,我们被灌输的是极端理想主义。或者,这种观点只局限于理论对象,如电子或超音速? 在这种情况下,我们接受的也许是某种操作主义的观点。一元论观点正在否定哪些区别呢? 它否定相当独特的区别,例如,它否定作为独特形式的历史知识和地理知识之间的差别;或者否定非常普遍的差别,例如,先验知识和后验知识之间的差别。再者,这些全都是逻辑的原则呢还是只有其中的一些是呢? 我认为逻辑的原则是 Wright Mills 提到的"合理性的权威"的一部分,在一个不同的社会历史情况下可能会被修改或者推翻。

除了这些范畴问题,还有一些关键的说法有待 Recker 们去阐释。"外在的"便是个很好的例子。任何一种形式的现实主义,如果它认为世界存在于心灵之外,那么这种现实主义应该被判有误吗? 或者只是一个认为外在世界正如它所表现的那样的"天真实在论",它也应该被判有误吗? 而且,当我们的作者谈到"真理的标准"时,他们指的是"真理"的定义(如 Tarski 对于谓语"是正确的"的语义定义)呢,还是指完全不同的另一方面,即人们检验句子真伪的实际方式?

有一点很明确,正如我已提到过的,阐释这些观点的方式多种多样,这就可能会产生其中一种结果,或两种结果都会产生。要么是这些观点几乎没有可信度,要么是这些观点无法得到社会学观点的支持——或是两者都有。假设主观主义的观点被阐释为是对极端理想主义的支持。那么,这样的理论不仅不具有吸引力,而且也与人类是概念和阐释的积极建构者的社会学观点无关。人类建构概念这一看法与没有外部世界让他们去概念化这一看法之间几乎不存在必然联系。或者假设相对主义的观点被解释为：任何当前被否定的观点或许在其他的社会历史环境中被认为是逻辑正确的。这样的观点太荒谬了；因为虽然我相信关于某些句子的逻辑正确性的确存在争议，但毫无疑问的是，一些句子——包括对历来为大家所接受的逻辑真理进行否定的句子——在逻辑上是不正确的，在任何社会历史环境下也无法被看作是正确的。

正如我上文所言，对作者所说的认识论观点的"真正意义"进行研究会无功而返。因此，我们还是继续对观点进行阐释，这些阐释使得这些观点具有一定的可信度，也令它们和社会学论点产生更为清晰的联系。

第一个观点，主观主义的观点，我将其阐释为一个和实用主义传统中的一些哲学家颇为相关的一个观点的彻底版，由于没有更好的称呼，我称其为"强烈的实用主义观点"。（但是，我建议读者重点关注我是如何描述该观点的，而暂时把"实用主义"一词通常会有的关联置于脑后。）最为关键的观点是，所有真理——或是远不止是被经常怀疑的真理——从相当特殊的意义上来看，是理论正确的。我所说的理论真理指的是该真理的衡量标准包括衡量其所属的理论是否成功；更确切地说，就是衡量该理论是否成功实现了预期的解释和预测两个目的，也许还有其他什么目的。一些真理在这个意义上是理论性的这一说法并不存在争议。某些组织含有 DNA 这一说法是否正确估计只能根据相关的生物化学理论的有效程度而定。如果该理论被另一个更为成功的、认为 DNA 不存在的理论所取代，那么该理论将不再被看作是正确的。但是，强烈的实用主义者想要声称，即便是"那支是我的笔"这样的简单句都是理论性的；它们的真伪取决于我们对于人以及钢笔等事物所假设的理论框架是否成功。这些句子没有体现它们在理论前和理论外与现实的相处情况，而是属于我们为了解释和预测体验的过程而构建的一个机制。毫无疑问，钢笔就属于一个经过良好试验并具备良好基础的理论。由于该理论经过了长期的试验，基础又是如此之好，以至于我们很容易忘记这底下还潜伏着一个理论。然而，必须强调的一点是，理论总是存在于表象之后，尤其当我们关注的观点源自根基不太牢固的体系之时，例如那些关于社会阶级、人、智力或者含义等的观点。诸如"有三个社会阶级"、"智力正在下降"、"他与杀死 Smith 的那个人是同一个人"或"x 和 y 的含义相同"这样的判断，或许看上去并不具有理论性，但实际上只有当我们赖以假设阶级、人、智力和含义这种实体的理论是稳固的时候，这些观点才是稳固的。

这个强烈的实用主义观点显然并不荒谬，[16] 而且它与上文所引用的一些 Recker 文献上的话非常吻合。对于强烈的实用主义者而言,如果"外在的"指的是电子、社会阶级、意义等实体的存在标准独立于他们在人类目的中所扮演的角色之外,那么在某一个意义上,这些实体并非是"外在的"。此外,也会有这样一种意义,在这个意义上,世界没有"强迫"我们以这样的方式而不是那样的方式来描述它;因为我们描述事物的方式部分取决于我们所构建的概念中哪些最好地为我们的目的服务。

116　　重要的一点是,强烈实用主义观点没有和其他观点相混淆,也没有被鼓吹成其他观点。一方面,该观点不是一个探讨在理论中所假设的实体的"真正的"存在或相反状况的本体论观点。它与现实主义和反现实主义对于理论实体的态度都能并存。一个有关 DNA 的说法的真实性的评判标准涉及一个理论的成功与否,这并不意味着 DNA 分子是"虚构的",在操作层面上可以减少到人们喜欢的任何一种构成世界的"真正"成分。如果由此进一步得出以下这个观点,即因为现实总是隐藏在一层人类阐释的面纱之下,所以它必须保持不可知的状态——这可能也会被贴上主观主义的标签[17]——这个观点也是相当错误的。甚至是令人敬佩的 Schutz 似乎也对自己的相关举动感到愧疚,因为他在强调对社会行为的描述必须参考行为人的概念后,得出了我们不可能"准确地了解现实"[18]这一结论。他的结论在两个方面缺乏根据。首先,该观点和他所强调的社会行为只能通过参考行为人自己的概念来描述不相符合;因为,如果事实如此的话,这些概念就不会掩盖事实,而会成为科学家正在描述的社会现实的重要组成部分。另一方面,更泛泛地说,同时秉持以下两种观点并不矛盾:一是我们是出于理论目的才构建那些我们所描述的概念,另一个是事情正如我们的概念所描述的那样。实际上,这些概念属于根基格外牢固的理论,就这一点而言,这是能够得出的自然的结论,当然,如果这并非是不可避免的理论的话。[值得补充的是,有时事情被我们以某种方式构想出来,这个事实可以解释我们为什么以这种方式合理地构想出了这些事情。理论上说,朋友只是朋友是因为他们都是把对方看成朋友(几乎吧)。]

　　第二个观点,一元论,我将其阐释为至少是对先验知识和后验知识之间的传统区别的否定。考虑到我们熟悉的假设——该假设饱受争议,不过在此我不做讨论——即这两种知识既必然也偶然地对应两类主张,那么一元论者必须至少要否定这两类主张之间存在的真正区别。我说他至少要否定这些区别,因为要不然的话他就不能反对像 Hirst 那样的学者——他们把"正式的"学科(如数学)与"实证性"的学科(例如生物)之间一个课程的划分建立在不同种类的知识和主张的存在这一基础之上。毋庸置疑,他们也必须否认更为细微的差别——也许是通过观察得到的知识和通过理解得到的知识两者之间的区别;但我的重点不在于此。

值得指出的是,一元论是上文刚刚讨论的实用主观主义的天生的伙伴,虽然这个伙伴不是必须的。由于一元论否定了传统区别,人们很自然地就会将一元论看作是我们看待不同主张的不同方式的错误反映。例如,根据这个观点,我们可能会把传统的"必要真理"看成那些我们在可能的经验面前,出于某种原因或者根本毫无原因,特别不愿修改的真理。还有一点值得补充,20 世纪最有影响力的一些分析哲学家已经大力推动了这种一元论——使得 Recker 将这些哲学家全部推入一个可笑的群体[19]的习惯成为无稽之谈。

根据 Wright Mills 和 Esland 的原话判断,相对主义观点的对象既包括真理,也包括合理性。根据我对相对主义所做的实用主义阐释,我认为,相对主义认为真理是主观主义观点的一部分。因为人们可能会认为真理并非"绝对的……(而是)某种相关性和合法性中获得的"。这会使人们误认为它是在重申:概念和描述的可接受度与是否能对嵌入其中的理论进行成功的解释密切相关。关于合理性的观点,我觉得它至少认为对于标准逻辑的替代选择非常有限;至少对于一些普遍接受的推论原则,有着条理分明的、切实可行的挑战。在此我强调"有限的"一词,因为我们看到(第 114 页)将某些非标准原则看作是推论的真正原则是不明智的。

第三个观点与另外两个观点结合得相当好。该观点认为,即使是逻辑也可以在一定范围内进行修改,这个看法似乎是强调通过实用主义标准评判所有真理的一个自然的结果。Putnam 已经有力地指出,如果逻辑和物理理论(例如量子物理学)相矛盾,那么我们应该像修改物理理论[20]一样修改逻辑。这个想法与我们看到的出现在一元论中的观点密切联系,大意是所谓的"必要的真理"(它的逻辑真理是传统范式)与其他真理的区别仅在于我们在多大程度上愿意放弃这些思想。

Recker 文献中还潜伏着另一种观点,也许也可以被称为相对论。该观点认为,无论我们何时评估,无论是借助逻辑标准或其他标准——都有一个预设的框架,而这种框架本身并没有被评估。因此,任何评估都与某个框架有关。如果坚持认为这些预设的框架本身无法被合理地评估,那么就会出现那个激进的观点,而以上那个温和的观点不可以和这个激进的观点混为一谈。毋庸置疑,这个激进的观点是许多 Recker 的想法;但它不是他们基于任何可能的社会学基础可以得出的观点,在我看来也不值得认真对待。

现在,我已经很宽厚地阐释完了 Recker 的认识论。我们面临着三个观点,这三个观点都具有可信度,并且可以融合为一个连贯的整体。简单说来,我想表达的是这些观点可以从社会学因素中获得一些适度的支持。但在此之前,有必要指出我所阐释的这些哲学观点是如何摆脱其他哲学家对 Recker 发起的一些更为常见的批评的。

“你也一样”一直是受人欢迎的一种反驳方式。如果缺乏客观性,Recker 们自己所说的话会有什么地位呢? 正如 John White 所言:“如果真理和谬误都不是绝对存在的,那么显然所有知识相对论的观点便不会是正确的。”[21]但是,如果对于主观主义的抨击是有人所说的强烈实用主义,那么 Recker 们在此就没有遇到真正的问题。他们的社会学概念和物理理论的概念一样,由于都受实用主义标准的影响,在相对意义上就不会是“客观的”;但它们并不会因此比物理概念更具有欺骗性。顺便说一句,我觉得即便是反驳极端得多的观点——比如除了知识社会学家所拥有的知识以外,没有什么知识是有充分根据的这一观点,“你也一样”式的反驳也是太凌厉了。人们可能必须确认社会学家的观点不占优势地位。毋庸置疑,要为这样的优势地位找到充分的理由将会是一项艰巨的任务,而人们已经进行了相关尝试,这些尝试值得关注。例如,我认为 Habermas 的观点是,只有在一个内省反思的梳理过程之后,人们才有权将幸存的信仰当作真正的知识来对待。[22]因为通过这个过程,人们检验自己并将自己从那些塑造了我们的信仰的影响中解放出来。Habermas 还认为,信仰只有经过某种内在的梳理之后才能成为知识这个观点由来已久。例如,在 Plato 和 Descartes 的思想中可以找到这样的观点。

另外一个常见的对于相对主义者理念的反对意见是:对逻辑和理性的怀疑令人无法理解。Richard Pring 写道,

> 如果人们认为理性的基本理论是“有问题的”并且要“面对调查”,那就不可能理解这样一个调查可能会包含什么内容。例如,如果矛盾原则是“存在问题的”,那么就不可能对它进行调查。任何调查都预设:自我矛盾是令人无法理解的。[23]

即便 Pring 的观点是正确的,也不会影响到我所说的有限的几种逻辑相对主义。该观 119
点的支持者可能会对多少有些"基本的"逻辑原则进行辨别,并承认其中一些最为"基
本的"观点无法被其他观点所取代,例如矛盾法则。然而,事实上,我们很难说 Pring
的观点一定是正确的。Wittgenstein、Tarski、Godel 等许多人都"质疑"过矛盾法则,
表达得也比较清楚。当然也有一些正式的制度中不存在这样的法则,然而显然在一定
程度上也阐释得相当连贯。(在此有两件事需要强调。第一,这一事实并不意味着有
许多无法被明确视为逻辑真理的观点存在,也并不意味着有哪个被人们正式接受的逻
辑真理不能被挑战。第二,能够取代矛盾法则的想法不是把一些矛盾看作是正确的,
而是把一些矛盾看作是毫无真理价值的或者是具有正误之外的其他价值。)[24]

　　在我看来,上文的三种社会学观点为我对三种认识论观点所作的阐释提供了适度
的支持。事实上,这些阐释已被大部分采纳从而为这一结果提供保障。不论是常见的
方法(Wittgenstein 的"提示法")或是其他方法,至少有两种方法可以让社会学的观察
资料为一个哲学观点提供帮助。当一个人认为某事是不可能的,而另一个人却认为是
可能的,那么此时便产生了典型的哲学矛盾。如果后者具备许多众所周知的正在发生
的"不可能"的事例,那么后者的观点便占优势地位。这样的例子很可能来自于社会
学。这些例子的作用在于将责任推给对手,让他们去证明这些例子是错误的从而将它
们开除出局。因此,相对主义理论的拥护者读到 Lèvy-Bruhlian 的部落概念时便会深
受鼓舞。据初步印象,此概念遵循的是他们认为可行的异常逻辑,对此 Lèvy-Bruhlian
并不是在胡言乱语。然而却有人否认这个多数人通常都认为是正确的观点,此时便会
出现另一种哲学冲突。这个人就有责任去解释大多数人是如何坚持错误观点的。如
果这个人可以提供一个心理学或社会学的解释,说明所讨论的那些信念是人们不分对
错都会无条件接受的信念,那么他的压力就会大大减小;因为这样的话,支持常识的假
设就会被击垮。也许,具体化学说正是借助这种方式才能抵挡一元论者对将知识分类
这一做法的攻击。假设确有这些不同种类的知识存在而且它们与经过了历史进化的
学科相对应,这一常见的趋势将被看作是将实际上纯属人类的创造具体化的总体化趋
势中的一个方面。

　　人们可以大致明白主观主义观点如何在这两种方式中获得实证的支持。据推测, 120
人们之所以会以 Kuhn 的那种方式注意到科学家们突然编造出新概念的方式,这与那

个观点有关。新的概念编造出来以后，它们就可以教科学家如何以新的术语描述已知的数据，否则那些数据似乎都已经变得僵硬无力了。人们还可以明白具体化学说如何可能有助于解释常见的错误，从而让人们认识到即便是钢笔和树木这类平凡实体的理论本质。由于这些概念所属的理论十分完善，因此认为这些实体是主动假设出来的而非被动遇见的这一看法可能会受到屏蔽。

让我用几个比较负面的看法总结一下观点。首先，我要强调的是，这些社会学观察资料只能提供一些帮助，没有太大作用。显然，在构建一个哲学性的说法时，没有东西可以代替哲学的观点。坚持认为有这种可能性存在的哲学家必须表明理由并加以证明，而不只是满足于那些说明事情的实际情况的公认的例子；这些哲学家要有能力应对那些质疑其例子正确性的挑战。其次，请让我再次强调一下，社会学的看法能够提供给这些观点的支持不会比我提供给 Recker 们的支持更彻底。这有一个普遍的原因：认识论的结论论证得越彻底，就越有理由怀疑社会学观点根本就不是社会学的，而是已被嵌入了想让它们支持的争论。Young 称，社会学的研究已经揭示了"不同系列的有效性标准在实证上的明显可能性"[25]。社会学研究"发现"的不同系列会有多大的不同呢？有人相信使用某些标准是不太明智的，因为有效性的标准只会否认社会学家对不同社会的描述，而这些标准据称正用于这些社会。尤其是，研究者为了在当地人中推广这些标准就必定要使用翻译，而他会质疑这些翻译的可靠性。只有接受了矛盾合理性的人，才能接受 Levy-Bruhrs 对于他的"前逻辑"民族的描述。其他人则肯定要么认为 Levy-Bruhrs 翻译错了，要么认为他把字面意思和隐喻含义搞混了。[26]

3. 认识论和教育

我们认为，社会学观点不足以作为教育批判的支撑理由。那认识论观点可以担此任务吗？如果可以，我们的确要认真重视 Recker 们的学说，因为这些学说不仅得到了社会学支持，还形成了一个相当连贯的绝不荒谬的概念。无论如何，即便是我误发善心，将此归功于 Recker，这个学说都值得我们关注。

不幸的是，在认识论和目前饱受抨击的教育措施之间我几乎看不到任何关联。无论是哪个观点的合理性遭到批评,都不需要认识论的支持;认识论观点无法给这些观点提供任何支持。事实上,在我看来,一旦这些成分像现在这样被提炼出来,就不会有任何有趣的联系,这点似乎是显而易见的。例如,极其深奥的一元论观点是如何与实践发生关联、堂而皇之地把生物看作一个确切的学科呢? 可惜的是,我们目前正处于争论的领域之中,需要厘清这个领域里有哪些明显的需求。

　　我的方法是,首先,点明数学知识和教育这两者之间缺乏联系;接着,从这一案例中得出普遍的实证性教训。在第 113 页,我已经指出 Young 是如何通过反对"现实主义"的数学观而支持数学只拥有"社会现实"这个观点,进而阐明主观主义的观点。他这么做的时候,"'课程即现实'或知识的商品观"正受到攻击,他利用这种情况来支持所有好的 Recker 们所谴责的各种教育措施。所以,他似乎是在说明直接的教育含义确实是从对数学知识本质的合理理解中产生的,是在意识到那些"内行"人士所要传递和评估的数学并非是一个客观存在的、独特的真理的集合体之后而产生的。

　　那么,重点关注数学就是重点关注 Recker 当作例证所提供的几个例子。此外,对 Recker 们的包容态度使其由于其他原因而成为一个格外贴切的案例。一方面,或许每个认识论观点当应用于数学知识时都能发挥出最强大的作用。只要数学实体,比如集合、序列等,是用于解释或实用目的的,它们就都是有意使用的,而非无意遇见的;数学真理不是自成一格的,而是经过反复确认的实证性真理(正如 Mill 所认为的),或者是我们在面临尴尬经历时不愿对它们进行修正从而变得卓尔不群的真理(正如 Wittgenstein 所认为的);抑或是在某些数学领域,处理推论问题时需要非标准逻辑(正如直觉主义者在阐述与不可数集合有关的问题时所认为的)——以上每一个观点都得到了充分有力的阐述。此外,有一类更激进的观点——故而也比我所提供的那些观点更适合 Recker 的术语——当应用于数学时也并非完全没有合理性。我认为,Young 想通过向 Wittgenstein 致敬而接受一种所谓"结构主义"的激进观点。该观点认为,数学对象是由我们创造的,因为我们做了加法、连续系列、构建集合等等。例如,在我们让一个数列持续进行下去直到该数列包括 n 或排除 n 之前,关于是否存在这样一个包含或者不包含 n 的数列,事实上没有真理可言。此前并不存在该数列让我们对其进行研究;相反,我们在不断将该数列持续下去时,创造了该数列。之所以产生之前就存在该数列的假象,是因为对于某个数字是否已经被包含在内,人们通常会自动地达成一致意见。相当清楚的是,如果连这个数学观点都无法得出 Recker 的那些教育结论,那么其他更为温和的观点也都做不到。因此,出于论证和包容的考虑,我们应当接受这样一个观点的合理性。(没有太多的数学家或哲学家会接受。Young 把已经被 Cantor、Frege、Russell、Hardy、Godel 等人摈弃的一个观点看作一个不证自明的观点,或是看作关于人类是有创造性的一事所发的一些陈词滥调所暗示的东西,他这么做纯粹是在虚张声势。)

在我看来,Recker 的所有教育批评显然都并非出自这一数学概念。最普遍的原因是,除了在最高级的阶段,这个概念及其反对观点的层次都过于高深,对于数学实践和思想难以产生影响。有例外也不足为奇,因为高级阶段的典型特征是将这些概念融入备受争议的论题之中。高级阶段是数学与数学哲学相融合的阶段。大量的数学实践和学习,可以并且应当进行下去,不能因为担心这些高深的概念中哪些会是正确的而停止脚步。(这并不意味着不该鼓励孩子们探讨例如数学的哲学化这样的概念。人际关系不应受个人身份的哲学理论阻碍;这并不意味着人们不应当讨论这些理论。)

首先,上述概念不是想让大家认为不存在数学专家,这些专家可以通过自己的权威将他们知道的知识传递给非专业人士;换句话说,没有任何事情可以否认 Young 所反对的标准观点,即"有这样一部分知识,拥有这些知识的教师将它们传递给没有这些知识的学生"。[27]数学中的实际存在物是人们"创造"的而非"发现"的,这一观点与之相符。原因有二:一是人们对于他们所创造的事物有着相当专业的知识;二是创造也需要大量的知识。我们假设,在证据出现之前,欧几里得(Euclid)或者 Godel 所证实的事物在某种意义上并不存在。然而这就需要我们对证据进行很好的理解,更别提从无到有地创造出这些证据。Wittgenstein 的观点——即在我们回答数学问题之前,对于该问题没有正误答案——也无法与标准的教育观点相抗衡。这是因为该观点显然与之前既定的规则和程序供我们构建答案这一观点互相兼容——这些规则和程序通常就是专业知识之类的东西。

在我看来,答案可能会是这些规则和程序不是知识之类的东西,而是传统和决定之类的东西。但是,首先,这些都是我们按照惯例采用的规则和程序——这是个重要的、常常也是专业的认识,将会一直保持下去。德语或法语的句法或语义规则大体上是传统的;显然,这并不妨碍有专家对德语或法语十分了解,也不妨碍他们进行大量的德语或法语的教学工作。其次,只有构想出这些规则和程序的真正可行的替代物成为可能时,授予它们"惯例"的称号才有分量。我所说的一个"真正的"替代物,指的是一个并非与原来的那个规则和程序对等的概念(这相当于乘以 2 等同于乘以 4 再除以 2)。我所说的"可行的"指的是提出来的替代物是合理的,该方案所产生的结果是值得认真对待的。现在还完全不明确的是,初等数学中的规则和程序或高等数学中绝大部分的规则和程序是否存在这样的替代物。[在《论数学基础》(*Remarks on the Foundations of Mathematics*)一书中,最不具有说服力的便是 Wittgenstein 试图想象标准数学真正可行的替代物那几段。]此外,即使存在诸如此类的替代物,也需要富有天赋的数学家来说服我们相信它。这就要求它不仅必须是完全植根于标准数学的,同时我们之中那些理解它的人也必须对数学略知一二。

　　最后,如果我们将相对主义有关数学中的逻辑替代物的可能性的观点看作是暗示我们无法对学生的推理能力进行公平的评估,那会是十分荒谬的。在此,以下几个关于替代逻辑的考虑我们必须牢记于心:如果真的有这些替代逻辑,那么使用这些逻辑会成为高级阶段的最大愿望(例如,以此限制 Dedekind 对于实数的定义);这些逻辑并未引入任何新的逻辑原则,而是否定了某些标准原则的普遍接受度(尤其是对于那些我们尚无既定程序判断其真伪的提议);最后一点,绝大多数标准原则没有被挑战过。简而言之,所提出的替代物在范围和内容上都存在高度的局限性。当然以下两点也同样值得注意。首先,即使很难评估数学中标准逻辑与偏差逻辑的优缺点,但如果有人在一个给定逻辑中正确操作,便无需为他的评估制造任何困难。其次,我们对新生代数学家的态度很大程度上取决于他们是否会因为其直觉主义者的承诺而不愿进行标准化的推论,还是因为自身感到十分迷茫而不愿进行推论。Heyting 或者 Brouwer 以数学中的否定理论为依据,拒绝从接受"n 不在 A 集合中"转而接受"n 在 A 集合中",这是一回事;但对于刚刚崭露头角的学生而言,在没有任何理论基础的前提下做不到这一点,这却是另一回事。

　　另一个相对论观点讨论的是数学家使用无法评估的预设,该观点同样无法促使我们对客观评估的可能性采取消极态度。还有一些备受争议的假设不在普通数学要求之列,例如数学中的实际存在物是否独立于我们的构建而存在。数数、计算、除法等可以相当顺利地为人们所使用而不受任何争议的影响。毫无疑问,即便是简单的数学运

124

算也预设着某些事情,但我们不能因此就认为所设想的对象是存在争议的或是不具有合理性的。例如,假设我们在计算中所使用的符号在我们每次从纸张上移开视线后都不会改变形状。那么,如果一个阅卷者不接受他在试卷上看到的符号和学生实际上所写的符号毫无相似之处这一可能性,他是否会反对那个笨蛋假设呢?

有人可能会说,以数学作为重点,我是在对我格外有利的阵地上与 Recker 们对阵。如果将历史作为阵地的话,Recker 的教育批评会听起来更有力吗?例如,那些对历史的"专业知识"这一概念的批评,对将历史和其他领域相分离这一做法的批评,或是对历史老师在评价学生学习时所表现出来的"资产阶级"偏见的批评?或许答案是肯定的,但这点无关紧要。我的案例不是或者主要不是反对 Recker 的教育批评,而是反对这样一个观点,即这种批评可以从社会学支持的认识论观点中找到依据。毕竟,Recker 们的批评很少有原创意见。他们的全部兴趣在于从社会学和认识论的角度支持这些批评。有鉴于此,我们可以看到数学对于 Recker 们而言应当是个格外有利的案例,因为,正如我们所看到的,认识论观点在这个领域似乎特别合理。(我认为以下这个看法更为合理,即数学对象与历史对象——例如过去的国王——相比,更加是通过理论构建出来的。)然而,正如我们也看到的那样,教育批评无法从认识论中得到任何支持。或许,针对历史的那些批评是合理的;但由于认识论观点的正确性,这一个却不合理。如果历史不配在课程设置中拥有一个独立的地位,这不会是因为没有自成一格的历史知识、理解等等。如果不可以有历史"专家",也不会是因为对于这个历史学家的所有理念[28]的实用性和理论本质有着过于高深的看法。

对于数学的讨论应当是进展得极为艰难,因为在我看来,该领域显然缺乏我想强调的联系。但是,我想从那个讨论中汲取些普遍的经验;因为它得出的大部分观点绝非仅限于数学领域。

第一个经验是创造和构建与知识、真理和客观性完全兼容(一种合理的、理由充足的一致性)。也就是说,一个实体为了人类而被假定出来,或是根本就是创造出来的这一事实,其解释性目的和这些优点绝对不会冲突。某些实体——例如数学系列?道德价值?——实际上就是人类的智力行为所带来的结果,这样说并不意味着这些实体的产生不受任何严格的规律所约束,甚至这些实体将来该"何去何从"也受到严格的规律所约束。可能有人被艺术创作的浪漫主义解释所误导。然而,即使在该案例中,即先锋派以外的普通案例,也绝不能说对于虚构事物的构建或者它一旦产生之后对它的评价都存在完全的自由度。续写《匹克威克外传》(*Pickwick Papers*)的任何人,包括狄更斯(Dickens)在内,都无法让 Pickwick 先生在瑞士度假时爬上艾格峰北坡锻炼身体。造成这种自由度丧失的原因,并非是我们创造的对象,例如潘多拉盒子里的那些问题,变得自动了、能够自我控制了。相反,出于一贯性和连续性的考虑,我们在一个对象中所倾注的一切使得我们有义务朝着某些特定的方向而不是其他的方向继续前行。我们在一个数学对象(如数字 7)中所倾注的一切当然会给我们更加严格的限制,对于这个数字我们可以做什么或说什么都要受其制约,这比 Dickens 在第一章[29]中对 Pickwick 所赋予的内容更加严格。强烈实用主义观点中不存在这样的想法,即我们的理念都建构于一个理论的、解释性的框架中,其目的是赋予这些概念以自由。概念与其所分配的角色是否相符;是否用其他概念替代更合适;是否要摒弃概念被嵌入其中的一整套解释方案——这些问题都没有超出理性决定的范畴,都受理性思考的影响。具体化学说可能有助于反对某些人士,这些人没有指出实体应在多大程度上被创造出来或是在理论上被假设出来。但是,与具体化学说相反的学说(人为学?)同样有助于反对某些人士,那些人忽视了我们创造概念或假设概念的严格限制以及处理这些创造和假设的严格限制。

　　第二个经验是有关"替换方案"、"惯例"、"习俗"、"习惯"等一类概念的一系列经验。[这与第一个经验息息相关,因为,正如我们在数学案例中看到的,(错误地)吸引 Recker 们对强烈实用主义和建构主义产生兴趣的事物之一是"我们的知识"必定是习俗和惯例这种有着现成替代物的东西这一(不存在的)暗示。]我们要学习的第一件事是坚持那些差异,并无视那些鼓励大家对惯例是如何融入知识的情景进行粗俗的夸大这一做法,同时也就无视"我们的知识"具有替代性的可能这一说法。常规或是一个正在生效的措施之间,常规或是某个具有相同效果的措施之间,都存在一个区别。在 X 和 Y 之间做出选择可能或多或少带有随意性,但这个事实并不意味着我们做一件事情或做另外一件事情就是一种随心所欲的怪癖。我们是靠左行驶或靠右行驶或许并不重要,然而非常重要的是我们所有人都遵循其中一种做法。知识领域的许多做法都属于传统做法,这么说是就以下这个意义而言的,即不同的做法也会产生相同的效果。这并不意味着我们是遵循了什么惯例才不得不采纳至少其中一种做法。例如,物理学家必须使用某种衡量方法——尽管可供使用的方法各式各样,但这可能不太重要。他们

126

关心的是所有那些可替换的方法都能产生同样的实际效果。另一个更为关键的区别是语义区别,所指或所表达的语义和被指与被表达的语义之间的区别。诚然,我们所使用的符号和文字皆属惯例;但这并不意味着这样表达出来的观点"根据惯例而言都是正确的"。(路标也属于惯例,但它们指的并不是它们所指城市的位置。)

如果尊重第二种差异,那么,关于那些根深蒂固的理论是否有可能存在真正的替代物这一问题,我们必须放弃一个过于轻率的观点。如果两种理论会带来不相兼容的结论,那么原则上不能排除对二者进行测验,这样选其中一个而不选另外一个就不仅仅是惯例的问题。另一方面,如果两种理论的结论一模一样,那么我们就必须认真考虑是我们拥有两种理论,还是对于同一种理论有不同的表达。例如,如果关于 X 的目的论和机械论有完全一致的结论,那么目的论很有可能被解释为机械论。目的论者的观点"X 是为了 Y 而发生",可能会被粗糙地看作是机械主义者所秉持的"由于缺乏 X,便缺乏 Y,缺乏 Y 对于 Z 的影响几乎为零"这一观念的变体。

一个值得注意的相关的区别是作为制度化学习的学科或者科目和那个学习中的研究主题之间的区别。一个历史专业的学生正在研究过去,但他的历史学学位不是过去的学位。如果无法分清二者的区别,那么就会让人认为理论、概念等必定与惯例或习俗有关,因为可以肯定的是研究这些理论和概念的组织和制度化方式带有惯例和习俗的印记。同时,这还会鼓励反面的错误,即让人们认为如果我们的理论和概念自然而然地分成不同种类的知识,这些分类必须体现在不同的制度化学习中,在课程中也必须占有特殊的位置。关于后一个观点,值得回顾一下伟大的 Newman 为通识教育所做的辩护。他认为,虽然通识教育包含了诸多不同的学科,但它绝不是基于以下这个基础之上,即存在具有哲学意义的不同种类的知识。相反,他几乎同意 Hegelian 或 Quinean 的观点,坚持认为知识是:

> 对一个庞大体系或复杂事实的理解……不同部分之间不存在自然的或真正的限制……,(科学)根据分工的原则向前发展,虽然这种划分是抽象的,而不是真正地分成不同的部分……从不同方面来看,科学是从不同的方面研究同一主题,是有关同一主题的心理过程的结果。[30]

因此，Newman 认为存在不同学科的理由并不是认识论的理由。相反，我们所接受的观点之间的明显差异——比如这一个是关于历史战争的，而另一个是关于人体内部的——保证了不同学科之间的差异。原因有以下两点：第一，与其他领域一样，这里的分工会产生越来越大的回报；第二，不同学科的专家互相监督，不让另一方超越该学科自己的领域，由此推动一个更为严肃的整体的科学或哲学，不会出现其中一方在失去这种权利划分的情况下异军突起这种事情。

另一个经验则与从事实（如果是事实的话）中得出的推断有关，领域同上。即使是我们最为坚信的信仰和概念也不是植根于必要性之中，因此，可想而知，这些信念和概念代表的很可能是其他东西。在一篇相当冷静的文章"Reckage"中，Whitty 正确地指出，由于会有一些可以想象的情况使得我们无法正确地秉持信念，然而这并不意味着信念的存在是源于利益集团的阴谋或"认知的群体"参与"合法化活动"[31]的结果。因为，他认为，这些信念也许可以从潜在的社会历史因素方面加以解释，而这些因素带来的结果却不在这些群体的控制之下。但是，虽然 Whitty 提出的这个三分法——"观念要么根植于必要性中，或是处于潜在的历史环境之中，抑或是由'立法者'潜移默化地强加于我们"——优于遗漏中间选项的二分法，但它的敏感性依然不够。我们需要补充的是，这些不受历史因素或"合法化"束缚，但也并非根植于"必要性本质"之中的观念，要求我们秉持它们。在这一点上 Kant 已经说了很多。在我们看来，如果想要搞清这些观念的意思并传递出去，那么就必须由我们来远程操控。虽然我们也许可以设想应该会有些生物不具备这样的信念，但是要想出这样的生物却是一项不可能的或十分艰辛的任务。可能是由于误读了 Wittgenstein 关于"生命形式"的言论（现在人们必须希望这种表达从未被创造出来），人们始终对这种重要的可能性视而不见。太多作者天真地认为，当 Wittgenstein 将信念的真实性和信仰者的生命形式相联系时，Wittgenstein 是在提出某种人类学相对论；对我们而言正确的观点，对 Azande 等人而言却是错误的。但是，在 Wittgenstein 看来，"我们"的生命形式是人类的生命形式——而不是一个 20 世纪的英国人之于一个 18 世纪的法国人，或者甚至是一个 5 世纪土著人的生命形式。对于他所列举的代表了这种生命形式特征的例子进行反思——即认为历史的存在理所当然、将某些其他生物看作人类、认为事物的规模不会一直成倍地增长等等——应该不会让我们认为"我们的"生命形式拥有唾手可得、连贯

128

一致、可以追求的替代品。

　　该领域的另一个经验则是谨防将另一个社会可能存在的真正选择看作某个特定社会中个人的真正选择。在某个社会中，某个观念或行为可能合理或可以被接受，但这并不意味着我们社会中的人也可以理解它、接受它并采纳它。因此，比如说教师，如果他对学生的此类信仰或者行为不屑一顾，这并不代表这个教师心存偏见或思想狭隘。让我们试想一下，日本武士伦理形成了一个连贯的体系，该体系可以对武士的行为进行理性的评估。然而，由于这一伦理所依赖的一整套制度在我们之中[32]并不流行，因此它对于我们社会的某个人而言并不是真正的选择。在"爱国主义"中，Yukio Mishima 这样写道并且尝试让我们理解，当一个日本士兵接到命令要去逮捕兵变的好友时，他认为自己和妻子有责任切腹自杀。如果一个教务长认为自己不应该向上级报告一些同学做的坏事，而自己服毒自尽（并且让女友也这么做），因此校长就谴责教务长行为荒谬，那么校长是否要为这种狭隘的西方地方观念感到内疚呢？再者，出于论证的缘故，我们可能会承认原始的神灵鬼怪体系构成了一个可以替代西方粒子细菌等解释性体系的替代品。然而，由于原始信仰所基于的所有背景在我们眼前渐渐消失，包括祈愿神灵、启用咒语、安抚恶魔、对于元素的恐惧等，我们是否能够理解应试者所说的树木滥伐的罪魁祸首是树神而不是荷兰榆木病的这一答案，这一点尚不清楚，更别说认真对待它了。我们常说信仰的真实性需要适当的行为来确认，我们这么说也是正确的。在一个无法表现某种行为的社会中——还要记住某些行为需要与他人进行合作——我们无法搞清楚那个社会的成员是否真的能和另外一个社会的成员一样秉持相同的信仰。[33]

　　最后一个典型的经验是，不要去听回荡在山谷中的那些将认识论和教育分开的虚假回声（即便存在连接途径）。听这样的回声会使得人们——尤其是教育哲学家们[34]——粗俗地夸大深刻的认识论思想能够或应该对教育实践产生的影响。对于一个认识论思想和一个教育提议之间浮于表面的类比，我们尤其要注意不必过于深究，以防我们误认为二者相互支持。通常情况下，二者的相似之处仅限于都在含糊地、语焉不详地描述各自的情况。我们在数学案例中看到这样的情况。我们愿意假设数学对象是创造出来的而并非人们所发现的——那么你看，我们发现，人们就会因此认为数学一定是教师和学生之间的合作事业；人们就会认为每个人都要做有自己的创意的事情，因此并不存在数学"专家"；人们就会认为数学的真理是无法传递给每个人的，是

要由人们自己去创造的,凡此种种。但是,当然,数学建构主义者所认为的数学实体是
"创造"出来的这个观念与任何一个维多利亚时期的校长们能够想象出来的客观事实、
技能以及大多数的传统教学方法都完全兼容。

　　我再谈谈另一个关于假回声的例子。一些哲学家认为,某些知识是与生俱来的,
在这种情况下,这些知识就不能被说成是通过学习或被教导获得的。一些坚持这种看
法的教育家于是奇迹般地得出结论说:因此,这一领域的教育应该以"儿童为中心",
或者必须辩证地"淘汰"儿童已知的知识。这纯属一派胡言,因为虽然在某种意义上知
识本身不能被传授,然而把知识带到清晰的意识层面的方法当然是可以传授的。
Leibniz 认为所有数学知识都是人们与生俱来的——因此儿童无意识地知道 Y 值取决
于公式 $2 \times X = Y$ 中 X 的任何价值。显然,这并不表示儿童无法学习 2X 公式,或者告
诉他们 $2 \times 9 = 18$,或者教导他们怎么做乘法等等。如果 Leibniz 的说法是正确的,那么
灌输给儿童的信息并非知识——因为它已经在那儿了——而是对知识的表达和意识。

　　当我在讨论数学案例时,我提出了一个原因来解释为什么处于矛盾之中的数学哲
学无法对数学实践,包括教学实践,产生不同的、根本的影响。我们所要认真对待的关
于数学真理或知识的描述,必须与大量的实践相兼容。例如,与我们就如何延续数列
达成广泛的一致意见相兼容,与测量仪器的功效相兼容,或是与判断儿童是否获得正
确答案的能力相兼容。Wittgenstein 的极端建构主义绝非对这种普通的实践提出挑
战,而主要是尝试解释这些实践。这样一来,严重矛盾的哲学思想就无法对这些实践
给予根本的启示,而这些思想与这些实践本应大致上和谐。这一观点肯定值得推广。
例如,如果固有观念与我们在数学等学科的教学及指导实践中所涉及的明显的事实不
符,那么固有观念便不值得认真对待。

　　我认为认识论和教育实践之间存在联系;我当然不想否认认识论的一些思想会对
实践的某些方面产生影响。我也不想说有些似是而非的认识论观点和我们真正的实
践之间不存在冲突;也不想说当这些冲突出现时,实践应该照常进行。(请 J. L.
Austin 等人谅解,我尤其怀疑哲学和语言实践之间的矛盾的解决方案应该要有利于后
者。)但是,我的猜测是,如果一个严肃的认识论观点似乎包含根本的实践意义,那便是
人们误解了该观点的理论或实践。Johnson 博士对 Berkeley 进行挑衅,试图驳倒
Berkeley 的观点,但是 Johnson 没有成功,他也没能理解 Berkeley 的观点。

本书的正式话题——公平与教育,已经有很多页都没有谈到了;这种情况需要解释一下。在本章伊始,我将 Recker 品牌的平等主义称作当今最流行的品牌,至少这是我从学生身上得到的印象。实际上,该品牌的供应商对于他们眼中已成为老古董的那些品牌比对我们这些看起来无可救药的非平等主义者宣泄了更多的怒气与轻视。(就像列宁把他最激烈的批评留给了与他一起干革命的同志,而不是"外人"。)对于在医疗、法律、教育等体系中寻求更平等的分配的传统要求,有人这样反对道:"然而,应该对这种严重的不平等负责的正是这个'体系'。这就像变质的黄油,我们应该把它扔掉,而不是把它抹得更均匀。"虽然这是一种新的态度,但找到它的源头很重要。它不在 Recker 们所谴责的教育实践之列。一直以来有人反对审查评估机构,反对以学科为基础的课程,反对教师把知识"传递"给学生。(Rousseau?)同样,社会学观点仅仅是针对 20 世纪社会学主流中教育领域的规划。同时,至少根据我较为温和的解读来看,认识论思想形成了一个相当完善的一揽子实用主义指南,许多哲学家都买它的账。因此,这些观点的原创性在于将不同元素统一于一个完整学说的方式;还在于通过认识论的思想从社会学前提中得出教育批评的方式。如果该学说有说服力的话,如果人们呼吁的教育变革带来了想象中的平等主义结果的话,那么我们可能就会看到一个具有说服力的平等案例。

正如最后一句话中的第二个"如果"从句所言,我可能已经对 Recker 们所倡议的变革是否真的会带来他们所认为的平等主义结果做了推测。例如,废除现有的审查和评估体系是否会消除择业时的随意性和偏见,这点尚不明确。更不明确的是,所废除学科中被废除的"专家"将会被 Illich 的"大师""真正的领导者"以及"伟大的教育家"[35]所替代,而不是被一群鱼龙混杂的毫无魅力的各色人等所取代,如性情古怪者、宗教教师、喧闹的托洛茨基主义者,对这些人不会用专业标准进行审核,他们的特点不是智慧,而是个人魅力或者肌肉。虽然这样的推测十分有趣,但我认为我的主要任务是对 Recker 的整体学说进行质疑。如果这种学说失败了,那么不论平等主义的结果如何,教育批评都不会有任何依据。

我一直在试图确定 Recker 们(他们是自身最大的敌人)到底想得出什么结论。在此过程中,虽然我努力带着同情的态度,我确实也很厚道了,但是我最后得出的判断几乎是全盘否定的。我最后一个厚道之举是推荐读者阅读 Richard Pring 的《知识与学校教育》的第四章,在这个章节中会看到一个更为有利的结论。[36]

第五章
文化、平等与课程

1. "文化"

乍一看,本章要讨论的问题与上一章的主题恰好相反。在上一章,我们探讨了蕴含在一个以认识论为基础的对标准课程的激烈抨击中的平等主义思想。在这一章,我们将对先前承诺的平等的课程中所蕴含的平等主义思想进行研究。我们将特别分析,平等是意味着所有的孩子应该学习大体相似的课程还是不同的孩子学习不同的课程。例如,是不是一些孩子应该接受一个相当传统的、文学性的文科教育,而其他孩子应该接受一个更加职业化的、"相关的"教育呢?

然而,这两章所讨论的问题是紧密联系的。例如,我注意到,Recker 对以学科为基础的课程的一个抱怨在于学校里教的知识与孩子们(尤其是工人阶级的孩子们)在校外接触到的知识之间存在差距。再一次地,有人指出,不管之后的认识论观点是什么,Recker 们对于标准的教育实践的最初敌意源于对一些平等主义措施的失败而感到的失望,例如为减少来自不同社会阶层的孩子们学业成就上的差异而采取的学校教育综合化措施的失败。然而真正的常见原因则是伪装成各种模样的相对论的出现。在上一章,我们谈到一种激进的认识论相对论。没有客观的知识;一个人对"现实的建构"和另一个人的一样好;真理和有效性会随着社会群体的改变而改变——凡此种种。我不会把这样的观点太当一回事,而是更倾向于将它们看作是对那些更为稳重的观点的歇斯底里的夸张,而且那些观点可能与 Recker 的社会学前提有些关联。无论如何,我们有必要将这种相对论与我们目前感兴趣的相对论区别开来。后者是一种新的相对论,它与知识的价值有关,而与知识的本质或可能性无关。大概说来,它与以下这个观点是相一致的,即虽然知识是客观存在的,但并不存在用于评判某一类或某一领域的知识是否比其他领域的知识更有价值这样的客观标准。

当然,这种关于知识价值的主张只是一个范围更广的相对论的一部分,我称其为"文化相对论"。因为这样我们就可以从谈论对知识的看法自然地谈到对品位、行为、兴趣、礼仪和规范等与之平行的问题的看法。正如我们不能把物理及哲学知识看作比足球知识更有价值的知识一样,我们也不应该认为喜欢"古典"音乐的人比喜欢"流行"音乐的人更有品位。图钉和诗歌、迪斯科和芭蕾、礼貌与冷酷、对历史人物的兴趣和对《加冕街》人物的兴趣——这一组组喜好之间,任何表达喜好的评价都是主观的或带有

134

偏见的。我们的学校明显偏好某些知识、品位、行为模式等等,且它们会努力地将这些偏好灌输给孩子们,它们应该对这种偏见感到内疚。简单而夸张地说,这是相对论的一种类型,目前许多自诩为平等主义者的人都信奉这一点。至于它对课程的影响——尤其是多样化课程的问题——还有待考证。[1]

这一章将采用以下的形式展开。在这一部分,我将对文化进行一些讨论,因为,从某种意义上说,我们刚刚粗略描述过的相对论讨论的就是文化价值。在第二部分,我将分析并否定以下这个观点:"真正的"平等主义致力于为不同的文化群体提供多样化的课程。也即,我将捍卫 Mary Wamock 所称的"显而易见的观点(即平等主义要求一个共同的教学大纲)"[2]——不过我与其他作者的出发点不太相同。在第三部分,我将继续论证,尽管如此,但仍有一些支持多样化课程的强有力的观点,虽然它们完全不属于平等主义范畴。事实上,在第三部分将会出现一件有趣的事情,即考虑到这些观点,只有那些有平等主义癖好的人才会支持共同课程。这件事的有趣之处在于,虽然这"显然"是个平等主义的志向,然而我们却很难看出这应该是个平等主义的特权。当然,许多认为自己不是平等主义者的人也支持建立共同课程。

为了能够理解文化相对论——以及一些相关的概念,如"文化剥夺"或"文化差异"——我们需要对"文化"这一术语进行一些讨论。至少,我们需要将其与天主教所谓的文化概念区分开来。文化相对论所汲取的绝大部分营养是否来自于这些概念的混用,这的确还存在争议。下面的内容比较简短随意。它不是一个"对文化所进行的分析",我只是简单地说几句,希望能够借此避免某些混淆。

"文化"一词自身的含糊性导致争议时常出现。也就是说,它有很多种含义,而这些不同含义以及不同含义之间的差异同样没有精确的说法。许多人误认为这些词是有着精确而单一的含义的,只不过很难对它们进行满意的界定(也许是"基因"一词,或者是在数学领域意指某一类数的"真实的"一词)。这会让一些作者产生一种不幸的幻觉——这些作者用自己正在发现的"文化"的某个"真实的"含义来定义文化,进而误以为自己的定义似乎战胜了其他作者给出的关于"文化"的不同定义。例如,Malinowski 认为,"每一种文化仅仅覆盖了其潜在疆域的一小部分"这一看法是"完全错误的"。当然,如果你和 Malinowski 一样将"文化"看作一个"完整且自给自足的"整体,而且这个整体"可以满足基本的、实用性的、综合性的等所有类别的需求"[3],那么这一观点无疑是正确的。但以一种方式来定义文化而否决其他的定义方式，这一做法本身就不会是"完全正确的"。

"文化"在某种意义上确实就如 Malinowski 所了解到的那样。至少，Malinowski 和其他人类学家所创造的文化含义已具有一定的真实性。从这个意义上说，一个社区生活的方方面面——它的餐具、烹饪、工厂、法律以及它的音乐、建筑和哲学——几乎都属于这个社区的文化。文化的这个含义我们不太感兴趣；它的范围太广了，覆盖了与人类有关的所有东西，纯粹的自然环境也许除外。

我认为，这个术语的主要功能虽然模糊，但它指的是社会产品的某种有限的范围——至少包括它的文学、音乐、戏剧和建筑产品。如果有人告诉我他正在写一本对比纽约和伦敦的文化生活的书，那么我会期望他就两地的书籍、戏剧等方面进行比较，而不是比较各自的法律体系、工厂模式、驾驶习惯或股票交易。在我们大多数人看来，"文化"这个词不管怎样总是和艺术有关的——尽管人们还不清楚它到底是什么，这一点几乎没有什么疑问。溜冰或者服装设计是不是艺术的一种呢？

从产品的意义上讲，文化现在必然会引起我们的关注，但是如果我们将这个意义朝着它经常被合理延伸的方向进行延伸——这样它既能够囊括艺术产品，也能够囊括理论产品，这对我们的目的将会是很有帮助的。以下这些例子就属于我所说的"理论产品"：马克思的历史理论、基因的 DNA 描述、宇宙"大爆炸"理论、Frege 的逻辑数学、Rawls 的正义理论、弗洛伊德（Freud）的无意识理论等等。我心目中的"重大的"、重要的理论，是在某个特定时间内在各种知识学科里引领理论讨论的理论。这是一个合理的延伸：如果我拿起一本关于古代文化的书，而它只告诉我和当时的陶器或音乐有关的信息，对于天文学或形而上学却只字不提，那我是会感到很失望的。

接下来，我们来看看让 Matthew Arnold 感兴趣的文化的含义，以及我们提到"文化人"、"文化心灵"、"没有文化的庸人"时脑子里所想的文化的含义。这样一个含义是可评估的。"文化人"指的并不是一个只熟悉旧文化产品的人，而是一个熟悉好的文化产品的人。他不是一个对任何老照片、旧音乐或旧的知识都感兴趣的人。相反，这个人的品位是 Rembrandt，不是连环画；是 Brahms 的歌曲，不是 Rugby XV 淋浴时唱的那些下流的歌曲；是哲学，不是八卦。注意："熟悉"和"品位"这两个术语都很重要。文化人不仅必须熟悉更好的文化产品，而且他的品位和喜好一定是在这个方向上。知道

136

Brahms 的所有音乐,但通常更爱听"爱斯基摩内尔"或"这艘金星"——这不是一个优雅灵魂的标记。熟悉和品位并不是我们评判文化人的唯一标准。正如 Eliot 所强调的:我们期望在举止上有所作为。一个人可能会享受着听完 Brahms 整场的音乐会,但如果他在听音乐会的过程中吃着炸鱼薯条,指关节弄得咔咔响,对卖节目单的人口出脏言,那么我们会对他的文化造诣感到怀疑。有一个因素通常和"文化人"没有直接的联系,然而却很有理由把它加上。有些自封的"文化人"以不知道焦耳和安培、电子与分子、自我和本我之间的差别而引以为傲。我看不出有什么好的理由应该把科学思想的产物置于一个文化人所应熟悉的事物范围之外。

　　我接下来要讲的这个意义也是极度模糊的。这个意义的文化大致上指的是一种生活方式。当人们说到像纽约这种多种文化并存的大城市时,或者是提到亚文化或文化"冲突"时,都会涉及这个意义。这个意义的文化很难被识别和描述;虽然它在服装或食物中会有明显的、看得到的表现形式,然而人们在 Raymond Williams 的"情感结构"这种颇为有用的表达中也一样能够感觉到它的存在。[4] 当碰到一个陌生的群体时,相比描述这种"情感结构",直接去体验它会容易得多。举个每个读者毫无疑问都可以与自身经历联系起来的例子,我想起自己曾经在迈阿密一个流亡的古巴人的聚居区闲逛,那样一个对我来说完全陌生的地方给我一种鲜活的感觉。人们面部的表情、从商店飘出的气味、人行道上行人的律动、笑声、兴奋的女人——这些以及其他无数的信号给我塑造了一个关于这群人的印象,他们的生活方式以及对生命的意识与我自己的或伴随我长大的人的是如此不同。总之,我接触到了另一种文化,无论这种接触是多么肤浅。一种"情感结构"确实足以真实到让你了解在进入一个新结构时没有丝毫的尴尬是多么的艰难——除非你要么是非常圆滑,要么是一个完美的演员。在错误的时刻大笑(或不笑),握手时力度太强(或太弱),在某些情况下流露出太多(或太少)的情感——这些以及无数其他的"错误"可以迅速而强烈地让这个外来客感受到他目前正在经历的这个"情感结构"与他所熟悉的、令他感到舒适的"情感结构"上的巨大差异。

　　针对"文化"的不同含义之间的关系——文化产品、文化人和生活方式(或"情感结构")之间的关系,我们可以提一些有趣的问题。因为,这些概念中都出现同一个词肯定并非偶然,它们之间的关系也很可能会被理解错。例如,T. S. Eliot 认为文化人是比无意识参与文化的人更具有文化意识的人。[5] 如果这意味着一个对生活方式有着明

137

确理解的人就是文化人，那么 Eliot 的这个看法不可能是正确的。要成为一个文化人，你必须拥有你自己的恰当的品位、兴趣、知识和礼仪；仅仅了解别人的品位、兴趣、知识和举止并不会让你自己成为一个文化人。此外，人们有时会说文化产品——书籍、绘画等等——是在生活方式意义上文化的表达。然而从任何严肃意义上的"表达"的含义来看这通常是不正确的。撇开 D. H. Lawrence 这种特殊的例子不谈，那些描写工人阶级的最好的作品的作家们自己却不是工人阶级出身，所以他们写不出工人阶级的感受，无论他们对那种感受的描写是多么精彩。坐在丹麦街办公室里写出"朋克"音乐的舒适的中产阶级所表达的照样也不是他们对单调且肮脏的贫民窟生活的懊恼。这一点对我们后面的内容非常重要。

2. 文化相对论

138

在这一部分，我将讨论以下这个观点，即"真正的"教育平等主义指的是学校应根据不同类型的孩子设置完全不同的课程或教学大纲。[6] 我认为这一观点是错误的，但我的理由和有时看到的那些简单的理由有所不同。有些人认为，共同课程是 Rawls 的"差异原则"应用于教育的直接结果[7]——你可以回想一下，这一原则我通常都将其理解为平等主义。毕竟，他们认为，除非最贫困的孩子能从有差异的教育中受益，否则这一原则追求的难道不是人人接受相同的教育吗？那么，是否有必要至少做一个非常强大的假设，表明所有的孩子都必须接受同样的课程呢？不，肯定不要，从反面来假设只会造成对"差异原则"的误解，尤其是对"一致性"产生误解。Rawls 自己的要求是：除非不平等的分配能够给境况最糟糕的人以好处，否则"主要商品"应该进行平等的分配。但也有可能两个人都得到了同样数量的"主要商品"，然而他们获得的方式却相当不同。举个例子，两个人都得到了 100 英镑，其中一个人得到的是 100 张 1 英镑的纸币，另一个人得到的是 10 张 10 英镑的纸币。从某种意义上说，他们得到的钱是不一样的，但是从主要意义上来讲，他们的所得是一样的。把这个原则运用到教育上，它要求孩子们通过教育应该实现同样程度的转变，除非……这大概而不是准确无误地意味着每个孩子都应该接受同等数量的教育商品，除非……（见 33 页对"教育转变"和"教育商品"的解释。)然而根据这一原则,儿童不应该接受同样的课程,除非……只有当仅有一个课程可以使教育产品达到所期望的程度,或者是只有一种普遍的方法能够让孩子们实现同样程度的转变时,这一原则才会有这样的要求。(同理,只有当1英镑的纸币是唯一通行的货币时,收入平等这一要求才会要求每个人都应该得到100张1英镑的纸币。)现在,也许这些事情能够得以说明,然而我们在本章将会涉及的那种平等主义恰恰就否认了这一点。

故而,对于平等要求人们设计完全不同的课程这一观点,我们不能过于草率地否定它。但一些人用一种同样草率的方式试图说服我们相信这个观点。他们的推理是这样的:在一个教育系统中,如果来自某个社会阶层的孩子通常表现得不如来自另一个社会阶层的孩子,那么这个教育系统就是不平等的。因此,如果传统的解决方法不能很好地解决问题,那么我们就需要引入一个新的课程来解决问题,从而让我们所讨论的那些处于劣势的孩子和其他那些接受原先那个课程的孩子取得一样的成功。但是这种推理太过草率。相对失败的存在并不意味着"差异原则"正在被打破;因为企图减少差异的结果可能是受教育程度最低的人依然在接受最糟糕的教育。事实上,在这个推理过程中,没有任何东西会让我们认为拟议的解决方法不会带来这样的结果。掩盖这个推理的是一个明显得都无需指出的错误。对不同课程的成功比例进行均衡并不意味着将教育成功平等化。我能够很顺利地跳过三英尺高的杆,就像奥运冠军能够顺利地跳过八英尺高的杆一样,但这并不会让我成为一个和他一样成功的跳高运动员。同样,学习那些肤浅无用的知识的学生并不会获得和其他学生一样的教育成功。

很明显,这个推理过程存在一个漏洞。我们需要证明的是:能够让那些在旧课程中失败的孩子获得成功的新课程,其价值与旧的那个是一模一样的。文化相对论者努力提供的正是这一漏洞,也只有他们才能提供这一漏洞,原因我们很快会在下面讲到。

近年来,文化相对论一直与对"文化剥夺的神话"进行的抨击紧密地联系在一起(这一抨击我们在前一章的开头提到过)。该抨击意见认为,传统的平等主义解决方法都预设:孩子们之所以失败是因为他们在文化上存在缺陷,故而无法欣赏文化产品或是从文化产品中获益,而这些文化产品正是该课程要让他们了解的绝大部分内容。然而,该抨击意见认为,这一假设是完全错误的。这些孩子——假设他们都来自可识别的民族群体或某个特定的社会阶层——并不缺乏文化;只不过他们的文化有别于标准课程所反映和推动的那种文化。这一观点是对 Wax 和 Wax 在其一个很有影响力的作品中谈到的对印度苏族儿童的观点的总结：

> 如果这个印度孩子表现出"文化缺失"的迹象，原因并不在于他缺乏经验或文化，而是因为教育机构不愿意承认他的文化的相异性，也不愿意承认他所处的社会环境的现实。[8]

该抨击意见的结论是，要想解决这一问题，我们就不该强加给孩子一种不属于他自己的文化，而应该先"学习他的文化"，并以他的文化为主要基础来制定课程。

但是，除非我们在 Wax 和 Wax 的观点上加上一个评估儿童自身文化价值的评估因素，否则这样的解决方法并没有什么用处。如果这是个极为糟糕的文化，那么无论它到底是不是导致这个儿童在学校遇到困难的因素，我们都很难理解它的"相异性"如何可以成为一个让我们尊重它的充分理由。（1945 年时，人们是否需要先去学习纳粹儿童的"文化"，然后在这个文化的基础上给他们制定课程？）事实上，除非这个评估因素被加进来，否则我看不出"文化剥夺"和"文化差异"之间有什么区别。因为，说一个孩子被剥夺了文化并不意味着他就没有文化了，而是说他所拥有的是一种明显处于弱势的文化。说一个人被剥夺了文化和说他在文化上与他人不同这二者之间的不兼容性，与说一个人被剥夺了童年和说他有个童年这二者之间的不兼容性，是没什么两样的。如果说文化剥夺是个神话，那么只有当这个神话指的是有一种学校课程试图体现的优越文化存在时，它才能成其为一个神话。否则，接触另一种文化的机会真的会被剥夺，也不可能明白一个平等主义者如何能够避免支持任何一种包含那种优越文化的共同课程。至少，除非平等主义者太过痴迷于平等，以至于对进行平等分配的产品的质量毫不关心，否则我们不可能明白这一点。我不知道一个著名的文化剥夺论反对者所说的以下这句话的背后是否也存在着这样的痴迷："这不是一个社会标准是优于还是劣于学校的价值观的问题；真正的问题是它们是否应该有所不同。"[9] 当然，没有人会同意这个说法，那些关心所分配产品的质量的平等主义者也不会同意。因为，如果学校提供的教育商品更好，那么毫无疑问，平等的原则就要求所有的孩子都应该接受这种教育，而不是一些学校倒过来给一些孩子提供来自他们自己文化的劣质产品。

因此,这个文化剥夺论的批判者选择了一个与不同文化的价值有关的相对主义的立场。这正是因为,对他来说,多样化的课程能够反映和促进具有同等价值的文化,且追求平等与设置多样化的课程是可以兼容的。平等似乎确实会如此要求——否则,那些在差一点的文化教育中获得成功的孩子们未来还是会处于劣势。

故而,关于文化相对论,我们需要更细致的考量。然而,在此之前,我要先谈一谈有时会得到相对论者——以及其他人——支持的一个不同的教育政策;一个可能会被称为"杂烩"的课程。在美国,这个课程在那些支持共存于美国社会中的"同等有效"的种族文化的人当中备受欢迎。[10] 为了让课程反映出这些"同等有效"的文化的多样性,一个方法是制定一个可以囊括多种文化因素的大课程。"这个课程的一部分来源于许多文化……学校没有理由不推进这种包含大量的方言、价值观、语言、历史记录、对事件的阐释等的学习方式。"[11] 这一观点源于一种相对论的态度,就这个方面来说,我会对它的基础进行调查。但是在这个部分,我不会特别关注这一点——部分原因在于,就它通常呈现的"种族"这一形式而言,这一观点与美国的情况更为相关;还有部分原因在于以下这个部分(第 155 页)将要讨论的观点也是对它的一个含蓄的批判。

文化相对论者的相对主义看法究竟是针对什么的呢?我认为,如果他们对多样化课程的支持能够被证明是正确的——那么他们显然是对于文化产品意义上的文化持相对主义的看法。如果他们认为,无论是 Malinowski 意义上的文化还是生活风格意义上的文化,所有的文化都不应有高低级之分,那么他们的这个观点对课程辩论可能会产生怎样的影响——比如说真或假,可理解与否——这一点尚不明确。因为创造或推行某种生活方式并不是学校的任务——主要是因为这完全超出了学校的能力范围。毫无疑问,一些学校会对一些男孩和女孩们发挥影响,让他们放弃一种生活方式而选择另一种生活方式。但这不是普遍现象——实际上,它是本章所讨论的整个论点的基本前提,即有着某种生活方式的孩子大多数都不会改变这种生活方式,尽管它与他们老师喜欢的或许还是倡导的那种文化之间存在差异。

学校能做的——传统上它们最重要的任务——是让孩子们熟悉各种文化产品:人们发现或创造的知识、文学、艺术和哲学。因此,如果文化相对论者想要推进多样化课程,那么他必须关注文化产品——包括课程已经提供的那些文化产品,以及课程可能会提供的取代先前的文化产品的新的文化产品。不幸的是,在很多情况下,这正是他所不关注的。在对文化剥夺主义进行抨击的历程中，Nell Keddie 表示："没有一个群体可以被剥夺其自身的文化。"[12] 如果"文化"指的是一种生活方式，那么这个说法就是一个同义反复；但如果"文化"指的是文化产品，那么这个说法就是错误的。要么是一个团体被剥夺了"它自己的文化"，因为它根本就没有自己的文化（其成员在文化上毫无产出，或在文化上没有任何突出的地方）；要么是一个群体中的大多数人都没碰到过或无法欣赏他们中的一些人——或者说实际上是任何人——所创造的任何有价值的文化产品。

我说，很"不幸"，他关注的焦点一般不是文化产品意义上的文化，但很容易看出相对论者把注意力放在生活方式上这一战术的优势。因为用相对论的态度看待生活方式——认为不同的生活方式都是同样"有效的"——比用同样的态度看待文化产品要容易得多。其结果是，一种难以置信的关于文化的相对论可以从一种更为可信的相对论中汲取营养。（的确更为可信；但并不会因此就是正确的。许多评判整个生活方式的标准肯定会出现，这一点我们很快就会看到。）

无论如何，我们还是聚焦在文化产品的相对论上吧。依我看，相对论必须包含两种成分：一是对文化产品的价值判断的逻辑形式所进行的分析；二是对分析中出现的某种变量的允许值（数学意义）的看法。

我们用"$X>Y$"来表示"了解人类的进化比了解如何挖一个花园或如何给公寓贴墙纸更重要"，"Brahms 的音乐优于'朋克'音乐"以及"与战后激进的现实主义作品相比，19 世纪的伟大小说是个更为重要的文学成就"这样的评判。相对论者认为，"$X>Y$"一定要扩展为"对于 g 而言，$X>Y$"，而 g 的范围包括不同的人或团体。也就是说，只有当一种文化直接或间接地指向那些有文化价值的人或群体时，对一种文化价值的判断才是有意义的。句子是对是错仅和句子间接所指的某个因素有关，这个想法一点都不奇怪。例如，"John 留着胡子"这句话只有和它间接所指的某个具体时间联系起来才可以评判对错。如果不提及这样一个时间点，那么询问 John 是否留着胡子是毫无意义的。因此，在相对论者看来，如果不指向一个具体的人或团体，那么询问关于文化价值的某个判断是对是错也是毫无意义的。正如"John 留着胡子"这句话在某个时间点是对的，然而在另一个时间点却是错的一样，一个文化的判断在指向某些人或团体时是正确的，然而在指向其他人或团体时却是错误的。

这一关乎逻辑形式的看法是相对论的必要组成部分；但要真正把握住相对论，还需对 g 的容许值提出进一步的要求。通常意义上，将"拥有一流判断力的人"之类的东西看成 g 的值都是不符合相对论的要求的。因为，有这种拥有一流判断力而且可以决定什么东西拥有文化价值的人存在这一想法正是相对论所排斥的那种想法。相对论者欢迎 g 拥有哪种价值呢？如果 g 指的是任何一个个人，我们知道相对论有一种极端形式——通常被称为"主观主义"。由于价值评判只有与个体（通常指说话者）相关时，才有对错之分，故而"X＞Y"就变成了"对于我（或 John、Mary 等等）而言，X＞Y"。如果 g 的允许值是少数民族社区，那么我们就得到了一个"种族"版的相对论。但是，大多数支持多样化课程的相对论者——至少是大西洋这一边的相对论者——所青睐的版本，其中的 g 指的是不同的社会阶级，或类似的东西；由拥有共同的生活方式，尤其是经济生活的人们组成的社区。因此，"X＞Y"就变成了"对于中产阶级而言，X＞Y"，或"对于城市贫民而言，X＞Y"等等。当 g 的价值指的是一些根据种族和社会经济条件混合而成的标准而组成的团体时，一个令人不安的、我们前面刚刚提到的那两种版本的混合体便出现了——例如"中产阶级白人"或"贫民窟的黑人"之类的。

我的目的并不是要对这类相对论进行直接、正面的攻击。相反，我倾向于找出一些更值得怀疑的因素，因为我相信相对论正是源于这些因素。我倾向于这样做的部分原因是，质疑一种高度反直觉学说的最好方法之一就是质疑它的基础，还有部分原因是因为正面攻击将是一项冗长而又复杂的任务。之所以会冗长而又复杂并不是因为相对论是一种深刻而微妙的学说，而是因为，恰恰相反，它包含了大量的模糊性。我认为认识论的高度反直觉性是明摆着的事。例如，它会导致这样的评判结果：《博伽梵歌》、《卡拉马佐夫兄弟》、贝多芬后期的弦乐四重奏、《纯粹理性批判》、Nash 的梯田、Diaghilev 的作品，或者 King James 版本的《圣经》的卓越性只是相对于特定的社区而言的。它会导致一种奇特的结果，即这些作品之所以卓越，它们之所以比这些领域里的其他作品更好，仅仅是对于这个或那个社区而言的——这就类似于牛排质量的好坏是肉食者而不是素食者决定是否去某个餐厅的理由。当然，有可能某些社区中的许多或大部分人都无法欣赏这些产品的卓越性，但这是无关紧要的。就像说一个人看不出事物的真实颜色，却误导性地把这说成是因为他患有黄疸，所以将绿色看成了黄色一样；同样，说某些人认为刚刚提及的作品不是好作品，这是对这些人无法识别卓越的误导性的说法。这并不是否认对各种产品的文化价值可以进行更广泛的、真正的商榷。这也不是否认一些产品之所以拥有价值，至少部分原因是因为它们与某些特定的群体有着特殊的关系。显然，黑人链锁囚犯的"蓝调"歌曲通过黑人对他们自身苦难的真实表达而拥有了一部分文化价值。

144

　　最后一个例子与第一个例子有关，那个例子的文化相对论建立在可疑的基础之上，而且我想辨认出那些基础。人们看来似乎都假设不同的社会群体或阶级有他们自己独特的"真正的"文化，文化价值又必然和这些有关。不管怎样，我们总是会遇到强加于一些人的"中产阶级文化"，而这些人本应该在享受他们自己的"黑人"或"工人阶级文化"。如果这个假设是正确的，那么我们很容易看出人们是如何糊里糊涂地就可以拥有一个相对论的观点。有人认为，西方文学中的伟大作品对我们而言比相应的东方作品价值更大。毕竟，前者是属于我们的作品：它们以东方书籍做不到的方式反映和表达了我们的生活方式。可以说，西方意识在这些书中得到了体现；而东方伟大著作中所体现的意识，在某种程度上对我们来说是陌生的。然而，我描述事情的这种方式应该能够清楚地表明这些事情与相对论是毫无关系的。我并不是说《博伽梵歌》对印度人很伟大，而对法国人却不伟大。无论是对印度人、法国人还是火星人而言，它都很伟大。认为我们的作品对我们有更大的价值并不是相对论的观点。相反，相对论的观点应该是：如果必须做出一个选择的话，那么欣赏和享受我们自己文化中的伟大作品对于我们而言更为重要。不仅更为重要，而且也更为可行。人们从文化产品中了解社会和人类，从这个意义上说，那些能让我们从中了解我们自己的社会以及我们自己的文化产品，我们应该对它们格外关注。所以，如果我们的相对论者提及的那些阶级或群体拥有真实的文化输出，那么这样的输出在某种意义上对于产生它的阶级或群体会有一种特殊的价值。例如，如果有一种真正的工人阶级文化，而且它的一些产品是有价值的，那么它会特别适合这个阶层的成员去欣赏，并成为其文化遗产的一部分或是对他们生活情况的一种表达。不过重申一下：这并不是一个相对论的观点，尽管它可能会让人将其与相对论混淆起来。

　　但我们没理由接受这样的假设。事实上，只有那些将文化产品与生活方式两种意义上的"文化"混为一谈的人才会有这样的假设——因为可能确实有这样一种独一无二的工人阶级的生活方式。正如 Bantock 所说的那样，曾经确有一段时间——可能是

"快乐的老英格兰"时期——工人们创作出独特的音乐、文学和"民间智慧",但那个时代已经一去不复返了。[13]铜管乐队的音乐或伦敦的韵诗都不足以构成一个独立的工人阶级的文化输出。工人阶级所阅读的、聆听的或观看的作品只有很少一部分出自他们的阶级内部;工人阶级对这些东西的欣赏也绝非局限在本阶级之内。那么,"中产阶级文化"指的是什么呢?确实,大多数文化产品是那个阶级里的人们的作品——然而,当我们强调这些作品的范围涵盖了从"战争安魂曲"到朋克、从《泰晤士报》到《太阳报》、从马克思和恩格斯的资本论到国民阵线的劳资纠纷理论的一个广阔领域时,如果我们仍然认为这些产品只是带有某个特定的社会经济条件特征的表达,那无疑是荒谬绝伦的。中产阶级群众的品位和兴趣也不存在足够的共性——就他们所喜爱的那些品位和兴趣而言——因为"中产阶级文化"这一说法根本就是毫无用处的。的确,大多数"高雅文化"的狂热爱好者都来自这个阶层,然而那个新兴的资产阶级在品位上表现出某种程度的一致性(不过这种一致性的程度很容易被夸大)的维多利亚时代也早已消逝在历史的云烟里了。Nell Keddie 认为,问题"不在于中产阶级文化(无论这个模糊的术语指的是什么)是否令人满意"。[14]问题确实不在于此,因为这一"模糊术语"缺乏实际的含义,这个问题也一样如此。[15]

如果相对论者的学说旨在获得他想要的课程,那么这倒也不失为一个不错的观点,可以让他借此拥有他必须保持的那种微妙的平衡。一方面,文化价值必须与大量的群体有关,否则我们就不会有多样化的课程。另一方面,它又不能涉及太多群体,或仅仅与个人相关,否则拥有一些多样化的课程不会比仅拥有一个单一的课程更为公正。我们已经看到,通常的做法是将不同的社会阶级——或者民族团体——看作与文化价值有关的群体。但是,除了我们前面讨论的问题以外,这一做法似乎是非常武断的。举例来说,为什么不以群体的地理位置为基础来确定选择某个群体是个好选择还是坏选择呢?或者,为什么不让两性成为相关的群体呢?有些相对论者无疑已经这样做了;然而这只会令以下这种本应潜藏起来的情感变得更为深重:即尽管有免责声明——但这个相对论者并未事先说清楚文化价值是与特定的群体相关联的,然后再推断说这些群体要求与众不同的教育方式。然而事实恰恰相反。他发现某些群体的孩子在标准体系中表现得相当差,于是他就用一个学说来装扮这一事实,然后以此学说为由说没有任何客观的标准可以说明他们的表现"真的"很糟糕。

接下来我会谈谈文化相对论的第二个可疑来源。任何一种相对论是建立在以下这个假设的基础之上，即人们之间——对于什么是对的、真的、美的，以及什么东西是拥有文化价值的——存在巨大的分歧。如果没有这个假设，我们将不会看到那些分歧，而它们却必然会出现，且无法通过理性和客观的方式加以解决；对争议的双方而言，这些分歧体现了真理或价值上不可避免的相对性。相反，我们更倾向于看到这些分歧的出现，而且是出现在当应用一些通常用于复杂案例的原则和标准遇到困难的时候。或者，我们会认为这种分歧的出现恰恰是因为客观标准的"存在"——但这些标准有时会互相矛盾。无论是哪种方式，这些分歧都将被视为一种议定框架内的局部骚动，而这一框架在原则上提供了解决大多数争端的途径。在我看来，摧毁相对论最有效的方式即证明相对论者所假定的巨大分歧是不存在的、也是不可能存在的。我已在别处试图借助道德相对论来证明这一点。[16]无论成功与否，我希望自己能让你相信：我们的文化相对论者，至少在我将讨论的两种方式上，很大程度地夸大了人们在文化价值上的分歧。

首先，他们将判断喜欢和不喜欢以及有趣与无趣混为一谈，前者可以有分歧，而后两者则不存在分歧。很显然，我和大多数人一样，有时会喜欢一些书、音乐或精选的信息，数量不拘，但不会就此判断它们是否具有文学、音乐或科学价值。同样的，我能够判断虽然一些东西我不喜欢，然而它们却具有相当高的价值——例如，我听不进去的双簧管协奏曲，因为我不喜欢这种乐器的音色；战争小说我也读不下去，有可能是我太娇气了。那些缺乏能力或意愿去了解人类最好的文化产品的人转而否定这些作品的价值，而对他们喜欢的书籍、思想、音乐或其他任何东西的价值则尽情夸大，我是不会这样做的。这是相对论者的描述强加给他们的一种表达模式。不管他们是否觉得遗憾，这些人通常都愿意承认，大部分伟大和有价值的东西超出了他们喜爱和欣赏的范围。因此，我们当然没有资格根据人们展现出的无数各不相同的喜好就推断出人们会相应地在价值及功绩判断上存在巨大的分歧。

其次，相对论者在判断中夸大分歧的第二种方式更为微妙。假设杰克告诉我，我应该偷钱，因为这样我就成有钱人了，但吉尔告诉我，我不该做这类事情。杰克和吉尔在道德上有分歧吗？很可能没有。也许杰克同意，在道德层面，偷钱是不对的——但他继续补充道，在现在这个竞争激烈的生活中，道德并非一切。我们可能不是在道德评估内部存在分歧，而是我们的道德评估与其他事物之间产生了冲突。这个小案例说明了相对论者通常无法指出的一个差异——在某一评估领域内部的分歧与不同评估模式间的冲突这二者之间的差异。那些在道德价值、审美价值，或其他方面以分歧的形式表现出来的差异，其实很多都不属于这类差异。相反，它们反映了人们对不同类型的考量所赋予的不一样的分量。这个差异与我们当下的讨论格外相关。显然，对于孩子们应该读什么、看什么、学习什么，人们有着很大的分歧。但这绝不意味着大家对于文化产品作为文化产品的价值存在判断上的分歧。例如，接下来，我将紧跟着 G. H. Bantock 的观点提出：有充分的理由可以解释为什么一个传播最好的文化产品的课程却不适合某些孩子。我这样做绝不是要挑战这些文化产品的上乘的品质。很明显，一个人不喜欢文化产品的传播可以有很多理由，虽然他也承认那些都是优秀的文化产品。例如，Goebbels 博士非常清楚那些他下令焚毁的书（例如 Thomas Mann 的小说）的价值，但出于政治原因，他不得不这样做。虽然柏拉图认为荷马是具有破坏性的，但他也不是不明白荷马的伟大。因此，我们不能假装人们在哪些文化产品应该得到推广这一问题上的分歧就象征着一种文化判断上的混乱，并以此为由出台一个相对论的观点。

文化相对论的最后一个混乱之源在于它自身也即另一种相对论——道德相对论。如果我是对的话，那么可以说在文化相对论的滋养下，出现了许多形态各异、规模不一的道德相对论。对一些人而言，比方说 Protagoras 这类人，道德判断的结果因人而异（即道德主观主义）；对另一些人而言，比方说恩格斯这类人，道德判断的结果与社会阶级有关；而对于另外一些像黑格尔或 Treitschke 这样的人来说，道德判断的结果与民族有关等等。这些版本的共同之处在于，如果假设某一道德原则的有效性超越了我们所讨论的那些个人或群体对它的接受范围，那就是毫无意义的。无需争辩，我可以断言道德相对论是一种特别难以置信的相对论。[17] 如果你接受我的观点，那么它的重要性在于，既然道德相对论有助于加固文化相对论的基础，那么后者的基础在一定程度上是非常不稳固的。

道德和文化（我们的两种主要意义上的文化）之间存在着深刻而复杂的联系。我将就我认为更重要的方面来谈一谈我的看法。首先，我们确实会对我们的生活方式进行评估，而道德就是评估中的一个重要维度。当然，我并不是说，对于拥有某种生活方式的人们所做的大多数事情表示喜欢或厌恶就是在对他们的行为进行道德判断。人们所做的大多数事情都发生于一个"自由的空间"，道德既没有对它们加以阻止，也没有参与其中。但是，道德考量至少会以两种方式进入评估。第一种方式非常明显。生活方式在倾向性上存在差异——是倾向于鼓励错误的行为，还是鼓励某一特定的错误行为。他们对于中世纪欧洲或日本武士道导致众多杀戮的骑士生活方式无疑是批判的；对于我们当今这个以消费者为基础的社会，他们在道德层面无疑也是批判的，因为这个社会以残忍的方式对待动物从而从中获取我们的食物、服饰，或在动物身上进行化妆品的测试[18]。还有一种不太明显的方式。当然，道德考量的部分任务是描绘出"美好生活"的概念，即在理想状态下，人们应该如何生活。例如，如果不从道德角度出发，我们将很难理解马克思的这一概念，即在一个无阶级的社会中，人们彼此之间毫无疏离感——因为这一概念讲的是人与人之间应该是何种关系，工作应该是何种样子。这并不意味着——马克思也没有这个意思——那些不依照这一概念生活的人的行为就应该被谴责，因为如果这样的话，那么通常就会错误地暗示应受谴责的是人而非环境。而且，这些概念还会对责任和义务产生暗示。如果一种生活方式无法与这样的概念相匹配，那么那些——如果有的话——有能力缩小概念和现实之间差距的人们就有责任去做这件事情。如果一种终日辛劳的生活方式与任何一种"美好生活"的合理概念都格格不入，那么政府就有责任在他们的正当权力范围之内确保生活不会变成这样。

现在我已提到了生活方式与文化产品之间的某种联系，与前一段的观点相结合，便又形成了道德与文化产品之间的某种联系。文学、音乐、神话或其他任何东西，都可以通过对一种生活方式的"真实"表达而获得一种它们原本没有的价值。导致新哥特式建筑在文化价值和趣味上都不如哥特式建筑的不仅仅只是建筑上的拙劣。想要了解中世纪的大教堂，就得与通过这些建筑表达了其信仰及愿望的那个文化相联系。然而新哥特式风格并没有同样地体现出它盛行时期人们的生活状况。现在，当然，我们最欣赏的产品并不总是我们在这一基础上对自己所欣赏的生活方式的表达。然而，人们现在强烈地倾向于认为，如果某种生活方式令人格外厌恶，那么它的生活方式的"典型"产品也是毫无价值可言的。也许，Ziegler 和其他第三帝国的艺术家的画作在技艺或构思上并不比一百年前的作品差——但这些画作却已成为了劣质品的典范。

相比生活方式，道德评估以更为直接的方式影响着我们对文化产品的判断。很少有人愿意把文学价值等同于道德价值：伟大的小说可能会令人腐化，而腐朽的小说可能会令人振奋。然而可以相信的是，伟大文学作品的价值至少部分体现在它通过提供一系列连贯的"美好生活"的概念，或通过描绘某些人在某一情境下可能观察到的"突出之处"，从而使得奇特的行为在道德上为人所理解，为人们提供了至关重要的道德相关知识。[19]以下是美国哲学家 Hilary Putnam 对 Celine 的评价：

> 读完 Celine 的《暗夜旅程》，我所得到的信息并不是爱是不存在的，所有的人都是可憎的且又被他人所憎恶着的……我从书中了解到的是：确信那个假设是正确的那个人眼里的世界是什么样的，我就那样子看这个世界。我明白那个假设的合理性；如果它是真的，那世界将会是什么样子；人们怎么可能会认为那是真的……所有这些都还不是经验性的知识。然而，如果说这些根本就不是知识，那是不正确的。[20]

他接着补充道：这是道德知识，因为这与"论证我们该如何生活"的思考息息相关。Putnam 认为，如果小说的价值部分体现在它可以向读者提供这种道德知识，那么科学概念的价值也同样可以做到。

> 我并不是呼吁人们只应该为了实用目的或道德启蒙去追求科学……但我认为，当科学和道德反思像它们在我们文化中那样高度分离时，即便是科学的哲学含义都很难在不失真的情况下被人们所了解，更不用说科学的实际意义了。[21]

他接着又举了个生动的例子，说明"推翻欧几里德的几何学并不仅仅是推翻一个空间理论"，而是推翻那些坚持"确定性理想"的人们的一个思维范式——这一理想的终结预示着"道德（社会及宗教）评论"的开始。[22]

这些相当模糊的思考的结果是：采纳那个流行的道德相对论——目前很多人嘴上都挂着这个词（但付诸行动的人却微乎其微）——必定会鼓励一个范围更大的关于文化的相对论。因为用相对论的态度讨论道德问题就是用相对论的态度对产生文化评估的一个重要维度进行讨论。如果道德相对论有罪，那么文化相对论就诞生于罪恶之中。

我并不是要通过正面攻击来"推翻"相对论。我希望，我只是在通过对它那些明显的表现形式提出提醒，并对它所赖以生存的基础提出质疑，从而证实其直觉的不真实性。随着相对论的消亡，教育平等主义必定会致力于建立一个共同课程——甚至致力于传播该课程有可能提供的教育产品。因为一旦我们承认有可能客观地决定哪些文化产品是有价值的，那么作为教育产品供应者的教育的平等就必须是熟悉这些产品的平等。一些孩子理解这些产品以及从中获益的能力会差一点——这个问题将依然会是这个平等主义者要面临的问题——他的解决办法是要么加大对这些孩子的帮助，要么处理造成他们困难的那些因素（如，家庭背景等等）。解决办法不可以剥夺这些孩子从这些教育产品中获益的可能性。

当然，平等主义者，或者其他任何人，都无需对目前的课程感到满意。考虑到有数量巨大的有价值的文化产品存在，他也无需致力于倡导让每个孩子都得到完全相同的教育。但是，如果没有相对论，就必须至少制定出一个课程的总体结构；如果这个课程是有价值的话，它必须是对每个人而言都是有价值的。因为如果最好的文化产品在这样一个结构中传播，那么说这些产品对这些孩子有价值而对那些孩子却没有价值是毫无意义的。

那么，我们的结论就证实了 Mary Warnock 所说的"显而易见的观点"。事实上，如果一个观点能够表明平等主义意味着多样化的课程，那么它必须能够非常有力地击败各种各样反对这个看法的假设。因为还有几个考量尚未提到，而人们期望平等主义者能够对它们付诸关注以支持共同课程。例如，对"生活机会"的考量。除非对现行的考察和资格认证制度，或是对雇主使用的选拔标准，进行根本性的改变，否则，把一些孩子排除在主导性课程之外会使得他们将来与某些行业无缘。用一个作者的话来说，我们还需考虑"给住在贫民窟的孩子制定一个单独的课程，这只不过是让他们认同自己的社会地位并接受自己的命运的一种微妙的方式"。[23] 当然，把穷人以及他们的文化描绘成一幅过于浪漫的图画——仿佛他们就是一个岌岌可危的马托格罗索州部落——可能会使得人们对于改善他们的困境一事采取一种彻底不平等的、漠然的态度。此外，还有"社会融合"上的考量，这在前面已有讨论（见第 87 页）：多样化课程所

151

要求的地理、身体或智力差距几乎无法推动这一过程。

也许值得补充一下，为支持共同课程而提出的主要观点在本质上并非平等主义。它所说的只不过是：如果有一个比其他课程都好的课程，那么大家都应该学习这个课程。（正如我在第一章指出的，这样一个观点可能会用平等的术语来装扮自己，但这不会使其成为一个平等主义的观点。很明显，它并未满足对差异做必要的参考的必要条件。见第 5 页。）尽管如此，这些考量将很快会被用来表明：只有一个有平等主义癖好的人才会认为这样一个观点会与共同课程的诉求相一致。

3. 平等与共同课程

在这一部分，我将试图发掘 G. H. Bantock 对于当代文化尖锐且绝对令人沮丧的诊断与平等主义之间的联系。我将格外探讨其诊断与之并无太大不同的其他作者是如何得出一个完全相反的教育建议，并扮演了平等主义在这个分歧中所扮演的角色。我不会去试图评估 Bantock 的诊断；我只是提前声明：我觉得他的观点具有高度的说服力。

首先，我先说一个乍听起来会让人觉得颇为矛盾的观点，那就是——在当代社会，对于很多孩子而言，教育的主要工作不应该是教育他们。这个观点听起来像个悖论，而这却恰恰解释了为什么即使是非平等主义者表面上也对最具教育性质的共同课程颇为支持。然而，一旦人们注意到"教育"一词的模糊性，这个悖论就消失了。如果它是用来表示"学校教育提供了什么"，那么它所指的当然是学校的工作就是教育这一老生常谈的话题。但是，如果它是用来表示我和其他许多作者都用过的那个意思，即它是某一系列商品的供应者——那么它就不再意味着所有学校应该做的或主要应该做的是教育。就该术语的这个意义来说，比方说，那些认为自己的主要任务是为特定行业提供培训的学校就不会认为自己的主要工作是教育的工作。无论人们如何看待这些学校的这种态度，人们都不能指责它是自相矛盾的。因此，这一"悖论"就简化为以下这个始终不变的观点，即在当代社会，某些学校的主要工作不应该是向孩子们介绍、灌输并让他们熟悉我们前面描述过的那些文化产品。对此我毫不怀疑。

　　然而,不一致性似乎依然存在。正如我一直强调的那样,一个人怎么可以一边强调受教育的真正价值,而现在却又说受教育不应该是各类学校的主要目标呢? 我又怎样才能够让这个看法与我鉴于 Scholesia 的北校所提供的更好的教育而为它所做的辩护相兼容呢? 没有不一致性的原因有两个。首先,教育的价值,就像大多数价值一样,只是表面印象,这样它才可以同其他的价值竞争,有时也可以被它们推翻。第二,"应该"意味着"能够",这样"不能够"就抵消了"应该"。换句话说,如果在目前的情况下所有学校应该不可能完成教育这个工作——或仅在与让人无法忍受的辅助手段相结合时才有可能——那么就不存在这是所有学校都应该做的事情这一说法了。无论是出于哪种原因,教育的目的有时应该被搁置,这不应该让人感到有任何意外。例如,在战时,一些大学会在很大程度上暂停教育的任务以满足更为迫切的战时需求。另外,无论你觉得每个人都应该了解理论物理的最新进展这一想法有多正确,也没有人会真的建议所有的孩子——尤其是能力低于正常儿童的孩子——都应该学习这些最新进展。(在此,我们有必要将可以做的事与应该做的事区别开来,前者指的是在所有可能的世界中所能获得的一种最好的事态。)

　　Bantock 对共同课程的反对都有赖于以上两种考量。他认为:"至少对于 Newsom 的孩子而言,传统课程是应该被抛弃的。"[24]他不赞同相对论者否定那个课程所提供的商品的价值,相反,他认为,这其中所传达的文化是"世界上最优秀的文化之一"。[25]他所做的只是对当代社会生活和文化生活进行令人心寒的描绘,并找出那个生活中强加给我们的邪恶——尤其是强加给年轻人,最主要是工人阶级中的年轻人的邪恶。这些邪恶的存在有两个含义。首先,至少对"Newsom 的孩子"而言,它们的严重性和迫切性足以使得帮助人们逃离和抵抗邪恶成为教育的主要工作。这是一份重要的工作,它的重要性超过了教育工作的重要性。人们可能认为,正是教育——教育产品和文化产品的传播者——可以在这个战斗中把孩子们最好地武装起来。但此刻,我们必须转向第二个含义。这些邪恶会使得一些孩子难以接受教育——使得他们难以欣赏、理解并从更好的文化产品中"获益":"我们必须承认环境本身就包含了强大的反教育的力量,这些力量与学校的目标相对立。"[26]或者说,"学校显然无法在真正的反应和参与上与之抗衡";[27]或者说,"造成这一困境的源头是,学生们不仅有很多东西要学,而且他们还有太多东西不需要学:流行文化中的情感假象"。[28]

153

如果我们看一看另一位当代文化评论家，他们俩的反差就很有意思。尽管他们的诊断在许多方面都是相似的，但 Raymond Williams 的教育建议与 Bantock 的建议却几乎截然相反。和 Bantock 一样，Williams 也强调了包括以下这些现象在内的种种恶行：大众媒体中的广告和哗众取宠、那些以年轻人为其商品的消费对象的商家对年轻人的肉麻奉承、令人震惊的粗俗品位、对暴力的狂热，或"辍学"对年轻人的吸引力等等。和 Bantock 一样，他也意识到对抗这些邪恶的斗争势在必行；同样，他也和 Bantock 一样认识到这些邪恶构成了一个重大的教育问题——因为，正是那些需要治疗的邪恶使得对它们的治疗变得如此艰难。然而，他的解决方法却大不相同。"如果学习能力中等的孩子在现在所给的时间里无法掌握当代普通教育的基本知识，那么唯一明智的解决办法是多给他们一点时间，而非带着无奈的遗憾放弃其中的一部分知识。"[29] 总的来说，他的解决方法更多的都是我们相当熟悉的课程；因为他的"基本知识"包括好的文学、历史、生物理论等等。这与 Bantock 为"至少是 Newsom 的儿童"所推荐的课程相去甚远——后者的重点在于非文学作品以及对情感和道德感的训练。我猜想，在 Williams 看来，Bantock 是危险人群中的一个，他们会"削弱人们对进一步延伸教育是否可行所拥有的信心"。[30]

类似的观点是如何得出如此不同的建议呢？我认为原因有三：Bantock 的诊断更为悲观；他不愿考虑那些为了使普遍教育获得成功，学校教育所必须（与共同课程相结合）采取的措施；他害怕如果将传统课程转化为共同课程可能会对前者造成威胁。正是因为第二个和第三个原因，这一争论与平等主义的问题千丝万缕地纠缠在了一起。让我们依次来谈谈这三个原因。

Bantock 对于教育"Newsom 的孩子"的悲观态度源于他对"邪恶"之源所做的诊断中的一个悲观的因素。因为他将这些看作是在工业化的消费社会中，人类本质中那些根深蒂固的特征的反映。在任何简单的意义上说，它们都不是这类社会的产物，而是这些不可根除的特征在这样的社会中所拥有的必然状态。例如，创造神话被看作是一种基本的人类冲动。在更健全的时期，神话"以象征的形式表达了永恒的人类冲突"，从而诞生了萨迦这种讲述冒险经历和英雄业绩的长篇故事，甚至是伟大的宗教。如今，"我们的小型神话故事和梦想或幻想一样缺乏实质性的基础，除了表达一个无知的民主对于权利的渴望之外，没有反映任何一种现实。"[31] Orpheus 成了"迪斯科"电影中的明星;Penelope 成了一个丑闻版的前总统夫人。另一方面,对 Williams 来说,责任完全在于社会经济组织的一个特定形式——工业资本主义。正是推动该体系运作的利益驱动——无论是直接或间接——绝对肯定地导致了庸俗文化的盛行。因为,曾经有人发现文化可以是一个和其他任何产业一样的产业;后来又有人发现,可以把年轻人看成像任何一种产品的消费者那样的文化的消费者。

在第一章,我否定了一个观点,即只有当政策源于要求财富平等的典型平等主义需求时,它们才可以算作平等主义的政策——但不可否认,这就是那种典型需求。据推测,并非所有的社会主义者都是平等主义者;但同样不可否认的是,对平等主义的追求就是那一学说背后的基本驱动力。重复一下 Harold Laski 的一个评论:"我的社会主义首先是源于对事物本身的不公正的感知。"[32] 因此,鉴于所需要的社会主义的剂量,如果 Bantock 是正确的(Williams 也是对的),如果公共课程里的全民共享是为了有效的教育,那么我们会发现,那些投身于这种课程的人们肯定是、首先是、最重要的是,那些有着平等主义诉求的人们,而且他们的诉求是那种可以产生或原谅社会主义的平等主义诉求。

考虑到 Bantock 的前提,还有另一种方式,它对共同课程的要求必须体现出典型的平等主义思想。太多的作者似乎都假定,如果有可能客观地认定某一个课程具有优越的教育价值,那么所有的孩子都应该接受这一课程的教育。但是考虑到"假定"意味着"能够",所以,正如 Mary Wamock 乐观地假定的那样,如果存在一个"真正适合所有人的课程",那么我们就"有可能设计出一个课程,它既常见,又符合中产阶级诉求,适合所有孩子学习,而且在这个课程内没有人会注定失败或沮丧"。[33] 现在,如果 Bantock 是对的,那这恰恰就是不可能实现的事情。也许,可行的做法是制定一个经得起所有人检验的共同课程,没有一个孩子会完全无法掌握所教的内容,或是对这个课程毫无兴趣。但是,如果合适指的是保留课程的恰当性和适合性,那么顺从并不等于合适。对 Bantock 来说,任何试图让所有人都能消化的课程都必须淡化所教的内容,这样它就代表着对那些消化力更强的人的一种背叛。现在,平等主义者可以完全接受将课程内容淡化到一个适合所有人的程度。事实上,中心校所要求的想必正是这样一种淡化,我们 Scholesia 的平等主义者也赞成这一主张。我现在并不是要重申我对他的反对意见;我只是强调,在 Bantock 的前提下,只有这个愿意看到能力更强的人没有得到

155

他们本该得到的教育的平等主义者会支持那个经得起所有人考验的共同课程。

156 　　我在本章开头就提出了一个问题：一个致力于平均分配教育产品的平等主义者是否会因此就致力于共同课程。我认为这位平等主义者会这么做，除非他接受了一种虽然流行然而却令人难以置信的关于文化的相对论。从这并不能直接推断说只有平等主义者才有如此的志向。但最后一部分重点讨论的就是，通过诊断发现了导致全民教育变得如此困难的文化弊病，而后说明致力于共同课程的建立至少会通过两种方式成为平等主义的特权。尽管我心中充满了 Williams 所说的"无奈的放弃"，我还是必须支持 Bantock 的多样化的课程。

第六章
结论——非平等主义

　　我是个非平等主义者吗？一个拒绝平等主义原则,同时也拒绝平等主义政策的人(除了在偶然的情况下,这些政策正好与他以其他理由独立提倡的政策相一致),是否就因此"支持"不平等了呢？或者,他的立场是否与以下这个人的立场相似呢？这个人虽然批评宗教信仰,但不一定"支持"无神论。当然,你觉得我的立场是什么,我的立场就是什么,而且这一点不会因为贴上或撕掉一个"非平等主义者"的标签而发生任何变化。我不是出于纯自传的原因提出这个问题——而是部分因为它似乎会吸引几个 1973 年会议的与会者的兴趣。在那次会议中,我提交了我那篇名为《质量与平等》的论文。另外也因为它是一个使用方便的钉子,可以让我在上面挂几个最后的思考。

　　和我一起参加了 1973 年会议的与会者 Tim O'Hagan 批评我"扭扭捏捏",没有欣然接受"非平等主义者"这一标签。我从好友 R. F. Atkinson 的主席讲话中,以及 Antony Flew 为"泰晤士报教育副刊"所写的会议录中,都得到了极大的帮助,而且 Antony Flew 同意贴上这个标签会有误导性。所以,我现在是带着一点点的背叛感承认,我并没有那么不好意思去接受这个标签。我认为拒绝它有着更大的误导性。一部分原因是因为我现在已经完全从那个传统中解放了出来——那个传统设法把"平等"看作一个赞美的术语,然而主要是由于将会出现在这个小章节中的那些原因。

　　O'Hagan 把非平等主义分为"否定的"和"肯定的"两种——后者形式多样,例如"美学"非平等主义和"市场"非平等主义。一个"否定的"非平等主义者对当前的不平等持容忍态度,但仅仅是"为了实现质量和平等的共同发展"。[1]我在第 79 页提到过的第三世界的领导们属于"否定的"非平等主义者,因为,虽然他们的目标是实现平等,然而当前的情况要求教育资源必须集中用于生产一群由医生、工程师或教师组成的"精英",否则平等的目标以及其他目标都无法实现。我们已经看到,Rawls 也提倡在某些情况下实行"否定的"非平等主义——例如,"主要商品"的总量太少,所以只有等到有更多商品可供分配时,才可以实施"差异原则",就是这样一种情况。

　　显然,我并非这种意义上的非平等主义者——不是因为我的平等主义思想不够多

158

（一个"不平等主义者"，或此类的什么人），而是因为我有更多的平等主义思想。我对教育不平等的支持绝对不是依据一种它将来可能带来的平等。毫无疑问，那不是教育不平等的目标；我也不会有丝毫的意愿去谴责目前的不平等，指责它几乎不可能实现长期意义上的平等。（这个句子的两个部分说的不是同一件事。我们有可能会认为如果 X 没有生产出 Y，那么它就应该受到谴责，却不考虑 X 的目标就是生产 Y。为了让你高兴，我没有告诉你关于你的真实情况。但是如果这让你沮丧的话，我可能会决定不那么坦诚些。）

　　这样说来，我是不是一个 O'Hagan 所说的"肯定的"非平等主义者呢？也就是说，我是一个认为"教育中的不平等……是一种应该为了其自身的缘故而去追求的价值"的人吗？[2]这很难说，因为我不确信"为了其自身的缘故"而去珍惜不平等会是怎样一件事情。平等主义为了平等自身的缘故而提倡平等——通过与这种倡议实现价值同等化，人们可能会期待这个"肯定的"非平等主义者采纳诸如以下这种原则：一些人应该获得更多，原因只不过是因为其他人的所得比他们少，或是和他们得到的一样多。或者，也许是：只有那些没有让最富有的人受益的不平等才是不公平的。显然，我不认同这种逆向的"差异原则"。它们周身笼罩着一种疯狂的气质，[3]而且与平等主义原则共享其基本的缺陷，即把差异作为依据来决定人们应该获得什么。

　　抛开"为了其自身的缘故"这个具有误导性的表达，O'Hagan 继续解释为什么在他看来，我是一个"肯定的"非平等主义者。那是因为我是一个"肯定的质量主义者"——也就是说，我提倡并支持对教育卓越的追求（在第二章所解释的那个意义上）——并且认为这个追求与对平等的追求无法兼容。他说："这发展成了一个肯定的平等主义论点。"[4]然而这有点太草率。事实上，即便 X 与 Y 是不兼容的，某人也有可能在不反对 Y 的情况下支持 X。毕竟，他有可能没有察觉到这个不兼容性。无论如何，把这个人描写成一个反 Y 主义者可能会是极具误导性的。我可能相信控制通货膨胀与充分就业是不兼容的，但是我提倡控制通货膨胀并不代表我反对充分就业。毕竟，如果一个天才的经济学家想出一个计划能让我们两者都能拥有——我不完全排除这个可能性——那么我当然会欢迎这个计划。不仅如此，我可能还会预见到这么一天——而且我认为那是幸福的一天——在改变了的环境中，没有通货膨胀的全民就业成为可能。

　　但是，如果一个人越相信 X 和 Y 必须而且始终会相互兼容，那么在不反对 Y 的情况下支持 X,这个观点就会开始变得勉强。既然 O'Hagan 正确地指出,对我而言,卓越和平等是永远不兼容的,那么毫无疑问,我对"非平等主义者"这个标签的抵制就会开始变得勉强。如果人们认为 X 和 Y 之间的不兼容性是一种逻辑上的不兼容性,那么否认某人是个反 Y 主义者就更会勉强到极点。(如果某人声称支持丈夫统治婚姻,但并不反对妻子被丈夫统治,我们会怎么看待他呢?)因为我发现对卓越的追求和对平等的追求在许多意义上都存在逻辑上的矛盾,所以我再次认为,接受指控、承认自己是一个非平等主义者是最聪明的做法。让我逐一讨论一下这些观点:先是关于永恒的不兼容性的观点,然后是关于逻辑的不兼容性的观点。

　　正如一首歌提醒我们的那样,"永远""是一个很长很长的时间"。我脑中的那个"永远"是个看得见的未来,占星家把它算漏了也许是可以原谅的,但规划者不行。这个"永远"不包括那一天,当有人发明出"知识胶囊",借助它来吞咽岁月的智慧;或是那一天,当某个核炼金师把污水变成了石油。在这个"永远"期间,每个人都有可能通过教育达到一些人实现的卓越的水准。O'Hagan 似乎会否定这个看法——部分原因是因为他所展望的是一个"由社会主义开创的合理化的生产体系,而这个体系不缺乏任何东西"。[5]另一部分原因是因为他认为教育投资应该受像以下这种日益减少的回报所支配:"师生比例持续改善……将会继续提高教育质量——事实并非如此。"[6]对第一点的回答是:它击碎了幻想。那一天,当资源和公众意愿都是如此强大,我们花在迟钝孩子身上的教育投资不仅与我们花在最聪明的孩子身上的教育投资相差无几,而且比缩小由于迟钝导致的两者间的差距所需的教育投资还要多得多。任何一个负责任的规划者都是无法期待这一天的。对于第二点的回答是:虽然也许存在一个度,在这个程度上,进一步进行资源投资不会明显改善受教育者的情况,但是我们没有任何理由假设到达这个程度与平等会同时发生。当然,这是因为除了任何正常意义上的资源以外,还有很多因素支持或反对一个人接受教育。这种情况我们已经遇到了许多。例如,家长行为、这个孩子的同龄群体、这个孩子的愿望与兴趣、Bantock 的"反教育的"社会力量——凡此种种。唯独只有一种方式让你可以设想在高水准的教育质量上实行平等——那就是在上一章结尾已探出脑袋的那种严苛的社会主义:在这种制度中,诸如父母的养育、文化环境、儿童的快乐和抱负之类的事情会遭到暴力镇压。对平等主义而言,社会主义必须比 O'Hagan 的"合理化的生产体系"更为严苛。幸运的是,我没

160

有预见到这些严苛的日子——部分原因是因为我没有预见到德拉古①们的出现,不过主要原因是因为我无法想象他们会或者是想要将教育中任何接近卓越的东西都作为他们的平等主义的目标。

如果我在本书中所说的一些事情是正确的,那么导致卓越和平等无法同时实现的原因并非仅仅是实证原因。这里面也有逻辑矛盾——或者说得更好一点,是大量的矛盾,我给它们冠之以"逻辑"的头衔,这多少有些精确性。一些热衷于将"逻辑"和"实证"进行对比的哲学家会抱怨说:"看啊,(这二者之间的)不兼容性不会既是逻辑的又是实证的。如果是后者的话,那么你刚刚提及的那些实证的东西就都是多余的、离题的。"我的回答是,存在实证不兼容性的东西与存在逻辑不兼容性的东西是有着重大差异的——虽然二者都可以用(因此变得)模棱两可的句子来表达。"拥有卓越和平等是不可能的。"当两种情况由于实证的原因无法同时共存时,它们之间就存在一种实证的不兼容性。当对于一种情况的两种描述由于逻辑(以及语义)的原因不可能都对时,这两种描述之间就存在一种逻辑(语义)的不一致。有人说:"那些单身汉不可能结婚。"他是在陈述一个实证的事实还是一个逻辑的事实呢? 他的意思可能是说,由于生理或法律原因,那边那些单身汉都不能结婚(他们不属于官方要求的纯化种族)。这就是一个实证的看法。或者,他的意思可能是说,既然"单身汉"的描述适用于这些人,那么"结婚"就不会同时也适用于他们。这就是一个逻辑(语义)的看法。当我说,由于实证的原因,我们永远不会同时实现卓越和平等时,我指的是我们永远不会遇到这样一种情况——每个人都到达一个先前只有一些人才达到的水准——以我来论证该论点的标准来衡量,这个水准就是一种卓越的水准。当我说存在着逻辑的非兼容性时,我指的是在任何一种存在平等的情况下,如果人们把所达到的水准描绘成一种卓越的水准,那么这从语义的角度来说是不合适的。其中的缘由当然是因为,正如一些哲学家过去常说的那样,"卓越"是一个划分等级的词。如果没有等级划分,就无所谓"卓越"——也同样无所谓"极差"。这就要看我们所讨论的这个水准是爱因斯坦达到的那个水准呢,还是 Simple Simon 达到的水准。

这个看法是建立在逻辑观点之上的,而我并不觉得逻辑观点,或者说是语义观点

---

① 德拉古:古希腊政治家、立法者。他所制定的法律以严苛著称。——译者注。

本身有多大的吸引力。真正有意思的是暗藏于它底下的基本的人类特点,我在第二章已努力描述过这种特点。它能够解释把一个多数人达到的"水准"描绘成"卓越"为什么会如此怪异,它也能够解释"卓越"为什么要求为了应用卓越而进行等级划分。在此,我所指的无疑是人类对于超越目前境界的关注,对于探索并努力征服新高峰的关注——简而言之,对于卓越的关注。让每个人都达到一个之前只有一些人才达到的水准,这是否可能?这个关注会以设想的形式表现出来——设想变化与进步,设想把我们的视野瞄准新的目标,而就这个目标的本质而言,在我们可以预见的范围内,只有少数一些人才能实现。可以想象,有一天,这个新的目标会反过来成为对许多人来说都可行的目标——然而到那个时候,这个过程只会重新上演。

第二章里还出现过另一种矛盾,出于对一个更好的术语的需要,我称其为"逻辑"矛盾。明智的平等主义者所提出的平等要求不会针对任何旧的水准,而是针对那个大家普遍都能达到的最高水准。但是我们必须首先确认我们能够获得的是什么——这件事是否只有等到看到一些人确实获得了这个东西的时候才能做到,这还存在争议,而这需要不平等。如果是这样的话,那么平等最多就是一个可以暂时接受的状态——换言之,在把先锋派遣到新的领域去侦察潜伏在那儿的危险之前的那段片刻的休息时间里,我们可以容忍平等的存在。

最后,我在本书中做了许多广泛的实证假想,正是在这些假想的基础之上,我提出了支持追求卓越的选择性质量混合型教育这一观点。这些假想包括:教育资源是稀缺资源;不分班教育对于能力最强的人而言是有害的;多数家长在教育上无法为他们的孩子做到少数一些家长能为他们的孩子做到的那些事。这些假想以及其他假想——或它们中的多数——是对的;然而我做这些假想的主要原因是为了让关于平等主义的辩论顺利开始。让我解释一下(虽然这个观点已经在前面频繁地出现过)。

假设这些假想大错特错——因为,例如,我们可以轻轻松松地把有限的资源用于教育迟钝一点的学生,同时又不会让最好的学生有什么损失;或者,不分班教育让每个人都受益。在这种乌托邦式的情况下,在卓越的水准上实现平等是毫无困难的。那这是否意味着我们现在对于卓越的要求与平等主义是可以和解的呢?不是——因为在这种情况下,平等主义原则是没有市场的。

在第一章,我强调了平等主义的实质和假象之间的区别。并非每个以"应该实现

X的平等"这种形式出现的要求都是或可能是平等主义的要求。通常情况下,插入"平等"及其同源词是完全多余的。例如,"无辜的人应该享有免除惩罚的平等"无非就是说无辜的人不应该受到惩罚——这是一个法律正义的原则,与平等主义毫无关系。平等主义者表明立场的方式是要求如果一些人得到某种方式的对待,那么另一些人也应该得到这样的对待。一个典型的平等主义要求是:一些人得到的东西应该少一些,因为其他人得到的比他们少。(理性的平等主义者还会补充说,只有当富人减少所得可以让境况最差的人从中受益时,这个要求才是合理的。)现在,在那种想象的乌托邦情况下,根本就没有范围可以用于制造这种理由或基础,来支持诸如取消分流、给境况最差的人更多的资源之类的政策。当然,如果不分班能让每个人都受益的话,那我们就应该这么做。这无非是教育是一种价值这一事实带来的一个简单的后果。当然,如果所有的家长在教育上都能轻轻松松地做到一些家长能为他们的孩子做到的那些事情的话,那么他们都应该这么做。这也是教育是一种价值这一事实带来的另一个后果。一些孩子比另一些孩子学得好不能被当作实施那些政策的一个额外的理由。如果觉得可以这么做,那么这就像是认为人们不仅应该为了早点恢复健康而好好调养感冒,而且还要为了变得和那些没得感冒的人更为相似而调养感冒一样。

故而,没有任何一种情况可以让一个提倡卓越的人和一个提倡平等主义的人携手与共。在充满广泛的实证假想的情况下,这两种提议是相互矛盾的。在刚刚想象的乌托邦情况下,没有任何东西可以让平等主义者以平等主义者的身份提出这种要求——因为在这种情况下,他无法把他的要求建立在任何一个可以认定他是一个平等主义者的基础之上。这与Kant关于职责和快乐的观点是相似的。虽然我们相信人们总是应该自然而然地去做那些他们职责内的事情,然而为自身着想的原则与享乐主义不会因此达成和解。在人类的王国,提倡良心与提倡享乐是水火不容的;然而在天使的王国,凡事诉诸良心则是完全多余的。

故而,追求卓越与追求平等在许多方面都存在逻辑矛盾。鉴于之前讨论过的那些实证的非兼容性,如果我说自己致力于卓越,同时又否认我反对平等,那一定是有误导性的。所以,我毫不扭怩地欣然接受"非平等主义者"这一标签。

注释和参考文献

第一章　平等主义

1. A. H. Halsey，"Sociology and the equality debate"，*Oxford Review of Education*，1，1975，p. 10.

2. Brian Simon，报道于 *The Times*，27 September 1965。

3. 参阅 Mary Warnock 引自 *School of Thought*，Faber & Faber，1977，pp. 42ff 的段落。

4. C. Rosenberg, Education and Society，"等级及分类"(Rank and File)组织的小册子，p. 24。

5. Ivan Illich，*Deschooling Society*(《废除传统学校的社会》)，Penguin，1976。

6. 两篇报道都出自 J. Stuart Maclure 的 *Educational Documents*，Methuen，1971。

7. A. G. N. 在许多地方都提到这个因素。例如，收录在由 P. French 主编，明尼苏达大学于 1978 年出版的 *Studies in Ethical Theory* 一书中的"Equality *or* justice"一文。

8. 在 Halsey 前面引用的那本书的第 9 页，他自己似乎也采纳了所讨论的这个态度。

9. 引自 G. P. Gooch，*Political Thought from Bacon to Halifax*，Williams & Norgate，1914，p. 130。

10. Thomas More，*Utopia*，Dent，1957，p. 50.

11. 这需要做一些说明。显然，仅仅教育几个来自一个完全未受过教育的原始人群体中的洞穴儿童不会是一件合理的事情。在其他条件不变的情况下才存在对于教育的需求。关于教育可能的可获得性的事实存在于那些能够影响获得教育的合理性的事实当中。这不应该让我们认为教育一些人的需求归根结底取决于其他人获得什么。仅凭一些人获得或没有获得什么就决定是否把这样东西给其他人，这是一种做法；另一种相当不同的做法是，这样一个事实造成了一种事态，而这种事态不符合"在其他条件不变的情况下"这一原则的要求，所以采取相应的行动就是不合理的。假设除了强尼以外其他人都吃过了：我们既可以用平等主义的理由，也可以用非平等主义的理由而不让强尼吃饭，而且使用两种理由时都会提到"除了强尼以外其他人都吃过了"这个事实。平等主义的理由在使用这个事实时把其他人还没有吃作为一个充分理由。这与非平等主义的理由对这个事实的使用截然不同。后者认为，由于腹中饥饿，所以那些还没吃饭的人当看到强尼有饭吃时会把他撕成碎片。平等主义理由把其他人还没有吃作为根本的参考依据；而另一个理由之所以提及这个理由仅仅是因为它碰巧与人们想把强尼撕成碎片的想法有关联。

12. 参阅 R. Wollheim，"Equality"，*Proceedings of the Aristotelian Society*，1956。同见

Warnock 前面引用的那本书，p. 27。

13. 这个观点由 T. Raz 在他的一篇名为"Principles of equality"的好文章中提出，该文章刊于 *Mind*，LXXXVII，1978。他似乎同意我在本章所说的多数内容。虽然本章在这篇文章问世前就已成文，但是我在参考了他的一些观点之后对本章的许多方面做了调整。

14. C. Jencks，*Inequality*，Penguin，1975，p. 11.

15. Jencks 研究团队的研究结果（见 *Inequality*），以及 D. Thompson 的论文，*Forum*，16，2，1972 都表达了这样的疑惑。后者对关于给予不分流教育中更愚钝学生的相对优势的标准假设提出质疑。

16. Tyrrell Burgess，前面引用过的 Jencks 的那本书的"前言"，p. 2。

17. 这些争论的真正本质被以下这一事实所掩盖：语境只是清晰地表明所争论的平等是哪一种平等，而避免了专门提及这种平等的必要。与我们经常使用的方法相比，当讨论两件事的相似性时，我们不一定要明确说明在哪个方面将二者进行对比——这个问题通过语境自显。

18. 例如，Sir Isaiah Berlin，"Equality"，*Proceedings of the Aristotelian Society*，1956。

19. Jencks 和他的团队把他们认为的合格的平等主义建立在效用原则和（b）前提上。出于某种原因，他们忘记了（a）前提。不过，显然，（a）前提是非常关键的。如果真的有"快乐吞噬者"，那么最大的总体效用将会要求把商品集中在他们身上。

20. 此处的结论只不过反映了对功利主义的普遍反对，抱怨该原则对于将此类效用最大化毫不关心。

21. Jencks 等人同意，当这个前提应用于教育商品时，是完全错误的。毫无疑问，正是这一点使得他们对于这些商品的分配"很少关注"。

22. R. S. Peters，*Ethics and Education*，Allen & Unwin，1970，p. 121.

23. Ibid.，p. 126.

24. 有一种想法认为存在一种支持对所有人一视同仁的设想，这个想法当然也有着相同的逻辑问题。我在第 15 页讨论过一个密切相关的看法，大意是不平等总是需要解释的。既然同等待人必然意味着在其他某个方面会不同待人，那人们就不可能明白该设想对于同等待人而不是不同待人这种做法而言会是个什么样的设想。

25. 参阅 Bernard Williams，"The idea of equality"，收录在 P. Laslett 和 W. Runciman 联合主编的 *Philosophy*，*Politics*，*and Society*，Blackwell，1962。

26. Harold Laski，*I Believe*，*The Personal Philosophies of Twenty-Three Eminent Men and Women of our Time*，Allen & Unwin，1940，p. 167.

27. Robert Nozick，*Anarchy*，*State*，*and Utopia*，Basic Books，1975.

28. 这是 A. G. N. Flew 在"Equality or justice"一文中正确地敦促平等主义者去做的事情。

29. 引自 T. Sowell，"Affirmative action reconsidered"，*The Public Interest*，1975，p. 51。

30. John Rawls，*A Theory of Justice*，Clarendon Press，1972.

31. Ibid.，p. 83.

32. Ibid.，p. 153.

33. 另一方面，Rawls 的"第一个公正原则"——"每个人拥有平等的权利，获得最广泛的、类似的、能与他人的自由相兼容的基本自由"——并非平等主义的原则。至少，它没有得到对它最有利的解读。一些人没有某些基本自由本身从来都不是一个可以让其他人拥有这些自由的理由。对一些人的自由进行限制的唯一理由是他们利用这些自由来阻止他人获得这些自由。

34. Nozick 在前面引用过的那本书中罗列了大量的原则,这些原则比 Rawls 的原则强大。

第二章 教育的公平

1. J. S. Coleman, "Rawls, Nozick, and educational equality", *The Public Interest*, 44, 1976, p. 122.

2. Ibid., p. 101.

3. Ibid.

4. Ibid.

5. 你会注意到,Scholesia 人并非没有受到我们一些近期撰写了教育类文章的作者的影响——例如,Peters, Oakeshott 和 Mary Warnock。

6. 实际上,这些定义太粗糙了。例如,X 不必是那个做了什么应受谴责的事情的人,如果有人代表他去做就够了。

7. John Rawls, *A Theory of Justice*, Clarendon Press, 1972, p. 104.

8. Ibid.

9. 为了强调这个标准,请参阅 S. Kripke, "Naming and necessity", 收录在 D. Davidson 和 G. Harman 主编的 *Semantics of Natural Language*, Dordrecht, 1971。

10. 我所说的这个看法,A. G. N. Flew 在"Three ideals of equality"(未发表的演讲)一文中也有讨论。

11. 我猜测印度人是否定这一点的,他们认为人与生俱来的能力是来自前世的因果报应,但是他们却不否定人在第一世中的与生俱来的能力是人不应得的这一本质。

12. 正如 Nozick (*Anarchy, State, and Utopia*, Basic Books, 1975)已经指出的那样,应得的赏罚与应得的权益之间的区别是最重要的,尤其是在与关于私有财产的观点相关联的时候。要想反对私有财产,仅仅表明多数人不值得拥有他们的财产是不够的——做到这一点也许不太难;你必须表明这些财产不是他们应得的——做到这一点难多了。值得指出的是,Rawls 致力于这个想法:存在不值得拥有的应得权益,因为处于"原初位置"的人有各种各样的名义获得现有的主要商品以及那些将会被拥有的商品。

13. "Egalitarianism and an academic 'elite'", C. B. Cox and A. E. Dyson (eds), *Fight for Education: A Black Paper*, Critical Quarterly Society, 1969, p. 64.

14. Ibid., p. 66.

15. 故而,如果把"百万富翁行列"中的各色居民看作一个特殊的精英团体的成员会让人觉得古怪,虽然其中的每个居民——将军、法官、部长、主教——都可能是某个精英团体的成员。

16. 我猜想,通过这样一个测试,把牛津大学的教师而不是普遍意义上的大学教师贴上精英的标签会是合情合理的。我把应用这个测试的机会留给读者。

17. R. Grunberger, *A Social History of the Third Reich*, Penguin, 1971, pp. 379 f.

18. 这些批评以及其他的批评,请参阅 R. P. Wolff, *Understanding Rawls*, Princeton, 1977。

19. 实际上,Rawls 是以什么为基础来对"差异原则"的使用进行限制,使得它既不适用于分配一个派对上的蛋糕这种微不足道的事，也不适用于分配比"主要商品"更重要的事物这种大事——例如，分配眼睛或肾脏，这一点尚不清楚。

20. 这些对 Rawls 立场的预设是 Thomas Nagel 在他那篇刊登于 *Philosophical Review*，82，1973 上的精彩的评论中提出来的。

21. Herman Hesse，*Magister Ludi*，Bantam，1970，pp. 213 f.

22. Nietzsche，*Thus Spoke Zarathustra*，收录在 W. Kaufmann 主编的 *The Portable Nietzsche*，Viking Press，1954，p. 213。

23. 一些人会争辩说，正如卓越的标准是相对于一般水平而言的那样，充分最低的标准也是如此。这可能会被看作与我早先说过的话的明显含义相冲突。我所说的是，实现一个充分最低的标准是有可能的。这个相当困难的问题我在下一章讨论"相对剥夺"时会谈到。

24. M. Oakeshott，"Education：the engagement and its frustrations"，收录在 R. F. Dearden，P. H. Hirst 和 R. S. Peters 主编的 *Education and the Development of Reason*，Routledge & Kegan Paul，1972。

25. T. S. Eliot，*Notes Towards the Definition of Culture*，Faber & Faber，1948，p. 99.

26. 参阅亚里士多德学会(the Aristotelian Society)和心理协会(the Mind Association)1979 年联席会议即将出版的会议纪要上我和 H. A. Lewis 撰写的论文。

27. G. E. Moore，*Principia Ethica*，Cambridge，1960，p. 167.

28. Rawls，前面引用的那本，p. 325。

29. 同上，p. 332。

30. 同上，p. 329。

31. 同上，p. 328。

32. 这一段中的观点我在"Quality and Equality"一文中做了详细讨论。这篇文章收录在 S. Brown 主编的 *Philosophers Discus Education* 一书中，该书由 Macmillan 于 1975 年出版（1973 年会议的会议纪要）。

第三章　教育、平等和社会

1. T. S. Eliot，*Notes Towards the Definition of Culture*，Faber & Faber，1948.

2. B. Williams 的"The idea of equality"一文很好地描绘了这个趋势，该文收录在 P. Laslett 和 W. Runciman 主编的 *Philosophy*，*Politics and Society* 中，由 Blackwell 于 1962 年出版。

3. J. E. Floud，A. H. Halsey & F. M. Martin，*Social Class and Educational Opportunity*，Heinemann，1957，p. XVI.

4. Harvard Educational Review Board（eds.），*Equal Educational Opportunity*，Harvard University Press，1969.

5. 我在初稿中拙劣地模仿了以下这个想法，即只要社会各阶层之间存在平等，那么一切都不会有问题。我当时的想法是：人们也可以争辩说，婴儿死亡率的数据所存在的问题不是它们显示了有多少婴儿死亡，而是它们显示了某个社会阶层中的死亡人数大于其他阶层中的死亡人数。我不再清楚这是否会被作为一个反证法为人们所接受，因为在 *Unequal Britian*（Arrow，1973）一书中，Frank Field 在第 9 页试图给人留下这样一个印象：真正的问题不是死亡本身，而是死亡在各阶层的分配。他抱怨说，尽管婴儿的死亡率有所下降，但是"职业差异和阶级差异依然顽固地保持不变"。人们希望,当 Field 先生发现他的话创造出这种印象时会很震惊——这表明他的想法演变成"阶级差异才是'真正的'问题"这个观点是多么的有违他的初衷。

6. 前面引用过的 *Equal Educational Opportunity* 中的"The concept of equality of educational opportunity",p. 28。

7. 同上,p. 17。

8. 前面引用过的 *Equal Educational Opportunity* 中的"Sources of resistance to the Coleman Report",p. 28,作者是 D. P. Moynihan。

9. C. Rosenberg, *Education and Society*,"等级及分类"(Rank and File)组织的小册子,pp. 14 -15。

10. Field,前面引用的书,p. 17。

11. Rosenberg,前面引用的书,p. 14。

12. J. R. Lucas, "Equality in education",收录在 B. Wilson 主编的 *Education, Equality, and Society* 一书中,Allen & Unwin1975 年出版,p. 52。

13. 我猜测,为了争论起见,在这样一个基础上进行录取会是一种罪恶——然而这是一种过度简单化。人们当然可以认为一个人的社会阶层所在的工作本身是个既相关又理性的考量。很难明白一个成功地成为女王的侍从武官的人不是来自某个特定的阶级——或是一个担任矿工管事的人却不是来自工人阶级。顺便说一句,平等主义者通常相当乐于在某些领域以阶级为基础进行录取。我还没有听到他们抱怨牛津的各个学院为来自综合性中学的工人阶级学生预留大量的名额。

14. 参阅前面引用过的 Williams 的那本书,他在谈到"假"质量时,有一个关于第二方案的讨论。

15. 前面引用过的 Floud,Halsey 和 Martin,p. 143。

16. 前面引用过的 Field,p. 28。

17. P. Robinson, *Education and Poverty*,Methuen, 1976, p. 15。

18. 例如,Anthony Crosland, *The Conservative Enemy*,Cape, 1962,以及前面引用过的 Floud,Halsey 和 Martin。

19. 前面引用过的 Lucas。

20. 前面引用过的 *Philosophers Discuss Education* 中 R. F. Atkinson 的文章"Chairman's remarks",p. 151。

21. 这个考量多数由 R. Wasserstrom 提出——虽然所引证的支持该观点的证据非常少。R. Wasserstrom, "The university and the case for preferential treatment", *American Philosophical Quarterly*, 13,1976。

22. John Dewey, *Democracy and Education*, Free Press, 1946, p. 86.

23. Ibid. , p. 83.

24. Ibid. , p. 20.

25. Ibid. , p. 99.

26. Ibid. , p. 29.

27. Ibid. , p. 16.

28. W. V. Quine 在他关于杜威的演讲(*Ontological Relativity*,Columbia University, 1969)中

169

把对 Wittgenstein 二十年后发展的"私人语言"的攻击归功于杜威,这是有道理的。和 Quine 一样,我认为杜威对意义的描述大体正确;我不会在我接下来的批评中使用 G. H. Bantock 攻击杜威的主要观点——该观点所依赖的是关于"私人的"、"个人的"等词语含义的有点浪漫的解读。

29. Quine 在 *The Roots of Reference*,Illinois,1947 中雄辩地讲述了它是如何发生的。

30. 前面引用过的 Dewey,p. 84。

31. "Equality and education",收录在前面引用过的 B. Wilson 主编的书中,p. 141。

32. 前面引用过的 Lucas,p. 59。

33. 同上。

附录:私立教育

1. 参阅我的"Responsibility and 'The System'"一文,收录在 P. French 主编的 *Individual and Collective Responsibility* 一书中,Schenkman1972 年出版。

2. 对于此事的详细讨论,参阅 B. Cohen,"Equality, freedom, and independent schools",*Journal of Philosophy of Education*,12,1978。

3. G. Grigson 对 J. Gathorne-Hardy 的评论 *The Public School Phenomenon*(Hodder and Stoughton, 1977),刊登在 *Country Life*,1977。

第四章 认识论的平等主义

1. M. Young & G. Whitty (eds.),*Society, State, and Schooling*,Falmer Press,1977,pp. 7-8 and 16.

2. Ibid.,p. 6.

3. N. Keddie,"Classroom knowledge",收录在 M. Young 主编的 *Knowledge and Control:New Directions for the Sociology of Education*,Collier-Macmillan,1971,p. 156。

4. Ibid.

5. 在试图区分比如说社会学和哲学的过程中,我觉得自己没有乞求任何反对 Recker 们的问题。我们将会看到,这些问题是反对进行这种区分的。我的目的并不是预设这里面包含两种非常不同的知识。Wittgenstein 和 Quine 都认为他们的观点与自然历史学家和科学家的观点的不同之处仅在于前者极端的共性。即便这只是个"唯一的"差异,它也是个非常重要的差异。

6. Ivan Illich,*Deschooling Society*,Penguin,1976,p. 37.

7. M. Young,"Curriculum change: limits and possibilities",收录在前面引用过的 Young and Whitty,p. 241。

8. Alfred Schutz,"Concept and theory formation in the social sciences",收录在 D. Emmet 和 A. MacIntyre 主编的 *Sociological Theory and Philosophical Analysis*,Macmillan,1970,p. 15。

9. D. Gorbutt,"The new sociology of education",*Education for Teaching*,autumn 1972,p. 7.

10. G. Esland,"Teaching and learning as the organization of knowledge",收录在 M. Young 主编的 *Knowledge and Control*,pp. 75,77,78。

11. M. Young, "Curriculum change: limits and possibilities", p. 238.

12. M. Young, "An approach to the study of curricula as socially organized knowledge",收录在 M. Young 主编的 *Knowledge and Control*, p. 23。

13. 前面引用过的 Gorbutt, p. 7。

14. 前面引用过的 Esland,引自 Mills 的"Language, logic, and culture", 1939。

15. 前面引用过的 Esland, p. 78。

16. 类似以上这种描述,Quine 和 Popper 是接受的(但接受的原因相当不同)。

17. 我使用过这个术语来强调积极的、构建理论的人类本性。它丝毫没有表示接受一个理论属于个人幻想或偏见。

18. "The problem of rationality in the social world",在前面引用过的 Emmet and MacIntyre, p. 113。

19. 在最近被标榜为"分析型的"哲学家中,有 Nelson Goodman、Morton White、Hilary Putnam 以及 W. V. Quine。他们或是一元论者,或是具有一元论转向的精神。

20. H. Putnam, "Is logic empirical?", *Boston Studies in the Philosophy of Science*, vol. 1970. 有意思的是,支持类似前面两个观点的看法的 Quine,却不支持允许标准逻辑面对修订这一政策。尤其参阅他的 *Philosophy of Logic*, Prentice-Hall, 1970。

21. "The Sociology of Knowledge: A dialogue between John White and Michael Young", *Education for Teaching*, 98,1975, p. 5.

22. J. Habermas, "Selbstreflexion leistet keine Begrundung", *Theorie und Praxis*, 1971.

23. Richard Pring, "Knowledge out of control", *Education for Teaching*, autumn 1972, p. 27.

24. 参阅我的"The law of non-contradiction"一文, *Proceedings of the 16ᵗʰ World Congress of Philosophy*, 1978。

25. M. Young, *Knowledge and Control* 的 "Introduction", p. 6。

26. 参阅我的"Alternative logic in primitive thought"一文,发表在 *Man: The Journal of the Royal Anthropological Society*, vol. 10,1975。

27. M. Young, "Curriculum change: limits and possibilities", p. 239.

28. Dummett 已经巧妙地提出,关于难以接近的历史的过去的陈述不能被算作是对的或是错的。但是他的这个观点不能被用于证明一个普遍的历史怀疑主义是正确的,或是证明过去的本质是什么这个问题对所有人来说都是"各花入各眼"这个看法是正确的。因为, Dummett 的观点仅仅适用于那些无论如何,没有人有理由接受或拒绝的陈述。在此,就像在其他地方一样,这个哲学观点应当只是反映实践,而不是产生一个新的实践。"The Reality of the Past", *Proceedings of the Aristotelian Society*, LXIX, 1968 - 1969。

29. 值得一提的是,Dummett 认为,与虚构的创造物的类比给数学实体的本质带来了大量的启发。"Wittgenstein's philosophy of mathematics", 收录在 G. Pitcher 主编的 *Wittgenstein: The Philosophical Investigations*, Macmillan, 1964。

30. J. H. Newman, *The Idea of a University*, Clarendon Press, 1976, pp. 52 - 54.

31. G. Whitty, "Sociology and the problem of radical educational change",收录在前面引用过的 Young and Whitty, p. 40。

32. 参阅 Bernard Williams, "The truth in relativism", *Proceedings of the Aristotelian Society*,

171

LXXV，1974 - 1975。

33. 参阅 Peter Winch，*The Idea of a Social Science*，Routledge & Kegan Paul，1970，以及他的其他文章。

34. 这样的夸张绝对不是 Recker 们的特权。在 A. Brent 最近的一本书（*Philosophical Foundations for the Curriculum*，Allen & Unwin，1978）中，具体的教育实践和深刻的认识论观点在没有太多论证的情况下被赋予了特殊的关联。参阅我发表在 *The Times Higher Education Supplement*，1978 上的对该书的评论。

35. 前面引用过的 Illich，第六章。

36. Richard Pring，*Knowledge and Schooling*，Open Books，1976.

第五章　文化、平等与课程

1. 人们不应认为本段所描述的这种观点是格外新颖的，或者是"开明左派"的特权。考虑一下这句话："一边吹着一首欢乐的歌、一边在车床上干活的最卑微的学徒所做的事与艺术家所做的事在本质上是一样的。在一个作曲家的作品中，人的最大天赋的表达方式与在一个修整得整整齐齐的花园或一个刚刚漆过的篱笆这样的作品中对于人的天赋的表达方式是一模一样的。"说这话的是 Hadamovsky，纳粹电台局长。引自 R. Grunberger，*A Social History of the Third Reich*，Penguin，1971，p. 516。

2. Mary Warnock，*Schools of Thought*，Faber & Faber，1977，p. 84.

3. B. Malinowski，*A Scientific Theory of Culture*，OUP，1944，p. 46.

4. Raymond Williams，*The Long Revolution*，Penguin，1961，p. 64.

5. T. S. Eliot，*Notes Towards the Definition of Culture*，Faber & Faber，1948，p. 48.

6. 持这一观点的人包括 E. Midwinter，*Projections. An Educational Priority*，Ward Lock，1972，以 及 N. Keddie 在她为 *Tinker*，*Tailor. The Myth of Cultural Deprivation*，Penguin，1973 所写的社论的介绍部分。还有另外几个该卷的投稿者。

7. 例如，Denis Lawton，*Class*，*Culture*，*and the Curriculum*，Routledge & Kegan Paul，1975。

8. 引自 P. Robinson，*Education and Poverty*，Methuen，1976，p. 44。

9. 前面引用过的 Midwinter，p. 101。

10. 例如，参阅 Michael Novak 的大量文章，如 *The Rise of the Unmeltable Ethnics*，New York，1971，或 N. Glazer。后者认为，"正是依据其本性，种族观点不允许存在一个可以对它们进行测量的通用尺度"，"Ethnicity and the schools"，*Commentary*，1974，p. 58。

11. R. Pratte，"Cultural diversity and education"，收录在 K. Strike 和 K. Egan 主编的 *Ethics and Educational Policy*，Routledge & Kegan Paul，1978，p. 164。

12. 前面引用过的 Keddie，p. 8。

13. "Equality and Education"，收录在 B. Wilson 主编的 *Education*，*Equality and Society*，Allen & Unwin，1975，p. 153。

14. 前面引用过的 Keddie，p. 8。

15. 在美国所说的"黑人文化"比"工人阶级文化"稍微好一点，不过我们很容易夸大当代美国黑人对于他们自己独特的文化产品的喜欢程度。或者说，它是一种明显集中在黑人内部的文化。因此，人们会听到对于"黑人哲学"的这种奇怪的要求：如果它指的是黑人创造的哲学,那么对它就没什么可说的;如果它指的是关于黑人问题的哲学研究——例如公正、遗传的智力等等——那么它研究的就不是仅与黑人有关的问题。

16. David E. Cooper, "Moral relativism", *Mid-West Studies in Philosophy*, vol. III, 1978.

17. 参阅我的"Moral relativism"一文会看到一些争论。我所知道的唯一有趣的对于道德相对论的辩护是 Gilbert Harman 所做的辩护,参阅他的文章"Moral relativism defended", *Philosophical Review*, vol. 84, 1975。

18. 参阅 P. Singer, *Animal Liberation*, Cape, 1976,他在文中对我们对待动物的方式进行了绝对严厉的控诉。

19. 这个术语以及这个观点出自 John McDowell 尚未发表的论文"Reason and Virtue"。

20. Hilary Putnam, *Meaning and the Moral Sciences*, Routledge & Kegan Paul, 1978, pp. 89 - 90.

21. Ibid. , p. 90.

22. Ibid. , p. 91.

23. 前面引用过的 Robinson, p. 80。

24. G. H. Bantock, *Culture, Industrialization, and Education*, Routledge & Kegan Paul, 1968, p. 87.

25. Ibid.

26. Ibid. , p. 43.

27. Ibid. , p. 68.

28. Ibid. , p. 83.

29. 前面引用过的 Williams, p. 174。

30. 同上, p. 378。

31. 前面引用过的 Bantock, p. 55。

32. 前面引用过的 Williams, p. 367。

33. 前面引用过的 Warnock, p. 80。

第六章 结论——非平等主义

1. Tim O'Hagan, "Quality and equality in education: a critique of David Cooper",收录在 S. Brown 主编的 *Philosophers Discuss Education*, Macmillan, 1975, p. 137。

2. 同上, p. 138。

3. 它们比平等主义原则更疯狂吗？我觉得是这样的,但是不知道如何证明这种感觉的正确性。也许我还没有从"平等"的良好内涵中解放出来。

4. 前面引用过的 O'Hagan, p. 136。

5. 同上, p. 139。

6. 同上, p. 140。